L'accueil en crèche

L'accueil en crèche

Sous la direction de
Boris Cyrulnik et Laurence Rameau

Philippe Duval

40, avenue Saint-Jacques – 91600 Savigny-sur-Orge
ISBN : 979-10-90398-07-8

Introduction

De nombreux enfants naissent aujourd'hui en France et chaque parent peut avoir à se poser cette question : « Et si bébé allait à la crèche ? ». L'affaire n'est pas gagnée. Peu de places donc peu d'élus et de nombreuses démarches à envisager. Même si l'on peut être tenté de simplifier au maximum afin de ne pas se perdre entre les crèches collectives, parentales, familiales, d'entreprise, les haltes garderies, les micro-crèches, les jardins d'enfants et les jardins d'éveil, et de tout appeler « crèche », par facilité, il reste ce chemin de croix que constituent l'inscription, l'admission et l'adaptation. Une fois l'affaire enfin bouclée, on souffle un peu et vient alors la fameuse question à laquelle il est si difficile de répondre : « Mais que se passe-t-il vraiment à la crèche ? ».

Sauvegarder, garder, guider, accueillir, accompagner : les missions de la crèche n'ont cessé d'évoluer depuis la création de cette institution à la fin du XIXe siècle. C'est logique, tant l'éducation des jeunes enfants est indissociable des modes de vie, des représentations collectives sur la place de l'enfant dans la société, d'une certaine culture sociale qui prescrit l'organisation de cette éducation. Ainsi, après avoir participé au sauvetage des bébés d'un péril infectieux omniprésent, après les avoir gardés pendant le travail de leur mère, la crèche les accueille aujourd'hui dans des lieux qui se veulent de plus en plus diversifiés et projette de les accompagner, eux et leurs parents, dans ce temps si spécifique que nous appelons « la petite enfance ».

Mais pour quels objectifs ? Permettre la conciliation de la vie familiale et de la vie professionnelle ou sociale des parents ? Préparer précocement l'enfant à une vie collective scolaire et aux acquisitions à venir ? Ou partager plus collectivement, entre adultes, l'éducation du jeune enfant ? On assiste aujourd'hui à un rééquilibrage entre la prise en charge sanitaire et l'accompagnement social et éducatif des jeunes enfants dans les crèches. Mais cela reste encore bien trop ténu, tant les pressions liées à la sécurité et à l'hygiène reviennent en force, avec cette recherche obsessionnelle du risque zéro. Certes, l'accueil des tout-petits est devenu une préoccupation sociale plus large, mais la crèche demeure un lieu fréquenté par très peu d'enfants (10 à 15 % des enfants de moins de 3 ans). Nos crèches coûtent cher, ne sont rentables que si les places d'accueil sont vendues à des entreprises pour leurs employés et leur fonctionnement est toujours de plus en plus règlementé, de plus en plus lourd, de plus en plus contraignant. Les jeunes enfants continuent d'être en majorité accueillis dans leur famille ou au domicile d'assistants maternels. Quel paradoxe alors de constater que la crèche représente toujours la référence lorsqu'il s'agit d'accueil de jeunes enfants, alors que finalement elle n'est qu'une chimère pour la majorité d'entre eux. À se demander si l'accueil en crèche ne serait pas une coquille vide, une forme idéale d'accueil rarement atteinte, mais dont le modèle demeure celui qu'il faut suivre, sorte d'idéal type. En effet, lorsqu'il s'agit de parler des jeux des bébés, ou de ce qui les concerne, c'est dans une crèche que les médias pointent leurs caméras, invitant les experts à les y rejoindre, pour parler du sujet. Et ce sont ces mêmes experts : chercheurs, pédagogues, psychologues, pédopsychiatres, psychosociologues, psychopédagogues, psychanalystes, qui se penchent inlassablement sur les berceaux des bébés pour définir les conditions idéales de leur accueil à la crèche. Avec des modes, des avancées comme des rebours, des essais parfois étonnants, souvent enthousiasmants même, mais dont la propagation est souvent bien lente tant les habitudes des pratiques et les croyances éducatives pèsent sur les professionnels comme sur les parents.

L'économie et la démographie ont, quant à elles, transformé le secteur « crèche » dès la fin du XXe siècle en objet de gestion politique ; l'enjeu : étudier, promouvoir, soutenir, gérer des établissements. Et pour finir, l'ouverture des crèches au secteur marchand et à ses contraintes de rentabilité généralisée à tous les secteurs entraîne une profonde recomposition du champ. L'accueil de la petite enfance est un défi capital pour la société française dont le fort taux de natalité représente un atout économique indéniable. Investir dans la petite enfance, c'est investir bien au-delà. C'est investir dans l'avenir de notre société, non seulement sur le plan humain, mais aussi sur le plan économique. C'est s'assurer que nos enfants auront reçu les bases nécessaires à leur insertion sociale la plus harmonieuse [1]. Ainsi, la société économise sur l'avenir en misant aujourd'hui sur l'accueil de la petite enfance.

Mais finalement, comment les vrais professionnels des crèches, ceux qui chaque jour œuvrent auprès de ces jeunes enfants et de leurs parents, traduisent-ils dans leurs pratiques, ce qu'il est possible d'appeler aujourd'hui *Le lendemain des crèches* [2]? Car ne nous leurrons pas. Certes le terme « crèche » a aujourd'hui disparu des textes règlementaires pour devenir « Établissement d'accueil de jeunes enfants », certes la multiplication des innovations cherche à répondre de manière différenciée à des attentes sociales nombreuses sur des territoires divers (micro-crèche, maison d'assistants maternels, jardin d'éveil, crèche d'entreprises). Et les changements et la diversification des modes de vie ont conduit à décloisonner l'accueil occasionnel et l'accueil régulier pour le fusionner en un multiaccueil bien plus souple et donc plus adaptable, pour les parents comme pour les professionnels (et donc aussi pour les enfants). Mais, c'est toujours de *crèche* dont il s'agit, quelle que soit l'appellation officielle.

1. Cyrulnik B., *Quand l'enfant se donne la mort*, Paris, Odile Jacob, 2011
2. Rameau L., *Le lendemain des crèches*, Paris, Érès, 2009.

La constante restant une collectivité qui doit s'adapter à la société et non l'inverse. Généralement les professionnels de l'accueil en crèche, et les parents par voie de conséquence, ne font que subir des réformes qu'ils jugent dévalorisantes pour leurs actions, dégradantes pour eux-mêmes et pour les enfants. Les professionnels se plaignent de leurs conditions de travail et de la manière dont ils sont considérés : « Rendez-vous compte ! Jouer toute la journée avec des bébés ! Et cela s'appelle un métier ! Mais quel bonheur de pouvoir l'exercer ! Ne vous plaignez pas ! » Mais alors pourquoi est-il si difficile de recruter des professionnels diplômés et qualifiés ? Les professionnels les plus compétents, les plus aguerris fuient massivement les structures d'accueil pour tenter d'autres aventures, plus valorisantes, plus indépendantes, plus constructives, malgré leur réel intérêt pour la petite enfance et les structures collectives. Des crèches ne peuvent ouvrir faute de personnels diplômés et qualifiés en nombre suffisant, les taux d'absentéisme explosent dans toutes les grandes entreprises de crèches ou dans toutes les grosses collectivités territoriales, grevant les budgets des gestionnaires qui ont du mal à faire fonctionner leurs établissements et à recruter. Malaise chez les professionnels, difficultés pour les parents.

Ces professionnels des crèches souffrent, d'une part, de l'augmentation des taux d'encadrement, de l'accueil en surnombre, de la demande de rentabilité nécessitant des taux de fréquentation élevés dans les établissements, du durcissement de critères qualitatifs fondés prioritairement sur la sécurité et l'hygiène et de la marchandisation concurrentielle du secteur, et, d'autre part, de la faiblesse des niveaux de formation, de l'inadéquation des filières de la petite enfance avec la réalité du travail quotidien. Les plus qualifiés, les plus diplômés souffrent de ne pouvoir trouver le temps de transmettre leurs compétences et d'accompagner les autres. Les différences de formation font qu'il est difficile de s'entendre, alors qu'on ne parle pas la même langue ou qu'on ne poursuit pas les mêmes objectifs. Lorsque les uns pensent hygiène, les autres organisent des jeux de patouille. Lorsque les premiers réfléchissent sécurité, les seconds mettent en place des parcours de motricité. Lorsque les premiers se jettent sur l'enfant pour lui changer sa couche ou le moucher, les seconds leur demandent d'attendre qu'il ait terminé son jeu. Ces petits conflits quotidiens sont cachés aux parents devant lesquels il est de bon ton d'afficher cohérence et esprit d'équipe. Mais ils usent les professionnels, et c'est souvent les moins diplômés, plus nombreux, qui prennent le dessus, laminant les pauvres éducateurs de jeunes enfants contraints à s'expatrier des crèches pour des postes moins sensibles. Pleins de bonne volonté en sortant des écoles, ils baissent vite les bras devant cette joute de Don Quichotte. Il n'existe pas de culture professionnelle de la petite enfance car il n'y a pas de professionnels unis dans et par ce champ, juste une mosaïque de professionnels d'horizons divers qui n'arrivent que très rarement à travailler harmonieusement. Ce qu'il en ressort, c'est une certaine obscurité, un certain flou quant à ce qui se passe réellement dans les crèches : institution, à la fois lieu d'observation et creuset de l'avancée des connaissances sur les bébés et aussi espace clos, lieu d'enfermement de ces savoirs. La crèche est connue de tous, mais la vie de cette microsociété reste une énigme pour la majorité des parents, un autre monde avec ses codes, ses secrets, son vocabulaire spécifique et ses propres pratiques d'éducation des jeunes enfants. Certains en perçoivent des petits morceaux, se font une idée sur des petits moments vécus ou des images renvoyées qui ne correspondent pas forcément à la réalité de tous. Quelle est la vraie nature de l'accueil en crèche ?

Ce qui se passe à la crèche entre les professionnels, les parents et les enfants, s'observe et se réorganise aujourd'hui bien différemment d'hier. Les pratiques professionnelles sont actuellement bousculées, d'un côté par les attentes parentales, de l'autre par les commandes des gestionnaires, et surtout par des savoirs professionnels en pleine mutation, intégrant difficilement les connaissances de plus en plus nombreuses sur les jeunes enfants. Parfois peu adaptés et lourdement remis en question, ces savoirs professionnels se présentent en remparts difficilement franchissables par les non-initiés, notamment les parents, et maintiennent momentanément les professionnels hors d'atteinte de ces injonctions diverses et souvent contradictoires. Mais cette inertie peut aussi rendre les pratiques partiellement obsolètes et inefficaces. Et les professionnels eux-mêmes cherchent des pistes pour tenter de s'adapter sans renier leurs convictions.

En effet, il devient aujourd'hui nécessaire de repenser les modalités d'accueil en crèche et de les faire connaître, les mettre en débat, les partager avec un plus grand nombre d'individus. Certes, cela représente un vrai casse-tête : il faut intégrer la dimension financière et les contraintes budgétaires, tout en composant avec les objectifs anciens que sont la santé et la participation à l'éveil et au développement de l'enfant, et des objectifs plus récents : le bien-être, la bientraitance, la prévenance envers les enfants et leurs parents. À charge pour les professionnels de la crèche de réinventer une culture qui, en se transformant de la garde à l'accueil, a aussi occasionné un déplacement de la prise en charge vers la prise en considération, de la guidance vers l'accompagnement, de la puériculture vers l'éducation des tout-petits. Déplacement qui cherche à se traduire dans les actions quotidiennes des professionnels. Or le désir des professionnels des crèches de penser l'accueil en crèche comme une chance supplémentaire pour l'enfant se heurte aussi à l'appauvrissement et à la dégradation de leurs moyens d'action. Mais on ne peut plus dire qu'on ne sait rien sur le bébé, ni sur les environnements comme sur les éléments les plus propices au développement de ses potentialités, de son intelligence[3].

3. Rameau L., *Pourquoi les bébés jouent*, Savigny-sur-Orge, Philippe Duval, 2011.

Ce livre est l'occasion de remettre cet accueil quotidien au centre des préoccupations de tous et d'aider à la réflexion des acteurs, parents comme accueillants, chercheurs comme praticiens, tous ceux qui se préoccupent des petits dans ce temps de leur petite enfance. Avec cet espoir de voir en chaque bébé ce qu'il est véritablement, comment il pense, vit, se représente le monde, cherche à le comprendre et à le réinventer, plutôt que ne percevoir en lui rien d'autre qu'un adulte en développement, et ne considérer cette période de la petite enfance comme rien de plus qu'une étape dont la seule finalité serait la vie adulte. Au contraire, le bébé n'est-il pas une richesse en soi avant d'être un adulte en devenir ? Ne détient-il pas les clés de cette éducation qui est la nôtre, de cet avenir qui est celui de l'humanité ? En clair, ne faut-il pas l'accompagner dans son développement en tant que tel plutôt que l'éduquer comme un futur adulte ? L'accueil en crèche nous donne la possibilité de revenir sur cette éducation des tout-petits et de mettre à la disposition de tous des pistes de réflexion sur la construction des liens d'attachement dans un espace collectif où de nombreux adultes interviennent, sur le jeu des tout-petits, son organisation comme ses finalités de plaisir et d'apprentissage, sur les pratiques alimentaires entre culture et sensorialité, sur les relations entre les adultes – facteur de soutien au bien-être de l'enfant –, sur la participation de tous à la construction de cette microsociété, sur la place de la violence aussi, sur les critères de qualité et le rôle majeur de l'aménagement des espaces ludiques. Autant de sujets qui sont ceux de la petite enfance, de son accueil à la crèche, avec cette idée qu'une réflexion collective est nécessaire pour reconnaître dans cet accueil une forme d'éducation des plus jeunes qui soit un atout pour les enfants, les parents et les professionnels, et ainsi pour le monde de demain.

Chapitre I

La niche sensorielle

Boris Cyrulnik

Il faudrait tordre le cou à un stéréotype qui dit que quand c'est génétique il n'y a rien à faire, alors que lorsque c'est environnemental, nous pouvons décider de tout. C'est faux.

Il existe une maladie que peu de gens connaissent : la *Phénylcétonurie*. Un enfant sur 40 000 naissances en souffre. Ces enfants malades ont généralement les yeux étonnement bleu pâle. Génétiquement, ils ne peuvent pas synthétiser l'enzyme qui permet de dégrader un certain acide aminé, ce qui fait que celui-ci se transforme en poison pour le cerveau. Ces enfants deviennent alors encéphalopathes, épileptiques, mentalement retardés. Le stéréotype dit « c'est génétique, il n'y a rien à faire ». Lorsqu'en 1965, on découvre le test de Guthrie qui permet de repérer cette anomalie génétique, il a suffi de faire suivre un régime aux enfants pour leur éviter l'accumulation de cet acide aminé toxique pour leur cerveau. Philippe Evrard a eu l'idée simple d'évaluer ces enfants vingt à vingt-cinq ans plus tard : leur développement était parfait. Non seulement leur développement était parfait, mais ils manifestaient un attachement sécure à plus de 70 %, supérieur à la population générale qui ne le noue qu'à 60-65 %. Leur quotient intellectuel dépassait aussi celui de la population générale. Cela veut dire que devant un problème incontestablement d'origine génétique, le simple fait d'en prendre conscience, et de modifier la niche sensorielle qui entoure l'enfant, fait qu'il reprend un très bon développement, voire même un peu meilleur que celui de la population générale.

Cela ne veut pas dire que le problème génétique n'existe pas. Il existe, mais à peine est-il exprimé qu'il s'enfouit sous d'autres déterminants, les déterminants épigénétiques, affectifs, verbaux et, plus tard, les déterminants culturels.

Les interactions précoces commencent au cours des dernières semaines de la grossesse. On a rendu observable, à partir de 1980, à Toulon, que les émotions maternelles étaient transmises aux bébés qu'elles portent pratiquement en temps réel. Michèle Morville a fait une observation éthologique très simple : elle a demandé aux futures mères de filmer l'écran lors de l'échographie. Puis elle a demandé aux mères de chanter. Elle a ainsi constaté que, devant ce stress (devoir chanter devant les médecins), le cœur des mères s'accélérait, de même que celui des enfants, presque en temps réel. De plus, en regardant les enregistrements, les chercheurs ont pu constater que les membres inférieurs et supérieurs des fœtus bougeaient durant la situation de stress de leur mère.

Ainsi, dès la fin de la grossesse, on rend observable sans difficulté que les émotions maternelles sont transmisses pratiquement en temps réel au fœtus. Si la mère est stressée, la synaptisation ralentit. Si on la sécurise, la synaptisation reprend trente secondes après. Quand la niche affective est réorganisée, le petit reprend son développement presque à toute allure, en quelques secondes, peut-être même moins.

Le facteur culturel joue un rôle important. Cette expérience a été faite à Toulon par M. Morville avec une Colombienne, Eugenia Villalobos. Cette dernière a voulu faire la même observation en Colombie. Là-bas, non seulement les mères n'ont pas été stressées, mais il a été impossible de les arrêter. Le facteur culturel n'a pas la même connotation dans les deux cultures.

Autre facteur culturel : Shaul Harel, neuropédiatre à Tel-Aviv, a constitué une cohorte de cent-soixante-dix femmes israéliennes et palestiniennes enceintes qui consultaient pour syndrome post-traumatique. Elles ont été entourées par des psychologues afin d'apaiser leur syndrome. Il a constaté que tous les bébés avaient un retard de taille et de poids de 50 % par rapport à la population générale, et un périmètre crânien de 25 % inférieur à la population générale. Le scanner et la résonance magnétique ont révélé une atrophie fronto-limbique chez tous les enfants. Le malheur de la mère avait donc altéré le développement neurologique du petit qu'elle portait. Si l'on ne fait rien, ces enfants sont mal partis dans l'existence et risquent de le demeurer. Pourtant, les choses à faire sont très simples : réorganiser la niche affective. Encore faut-il que la famille soit d'accord, que la culture y soit propice.

Quant une institution ou des professionnels de la petite enfance proposent une autre niche affective au bébé, en un jour ou deux, il reprend « un » développement. Un développement et pas « son » développement car il va rester une trace dans sa mémoire implicite. La mémoire implicite, c'est une mémoire sans souvenirs, mais une mémoire quand même, c'est la mémoire du vélo ou de l'accent.

Très tôt dans l'enfance, quand sa mère souffre, quand des personnes souffrent autour de l'enfant, son développement neurologique est altéré. Mais la résilience neuronale est la plus facile à déclencher. Lorsqu'on entoure la mère, alors on constate que le petit reprend un développement un ou deux jours après. Tous les capteurs, les encéphalogrammes, les hormones de croissance vont dans le même sens : le petit synaptise très vite. Il suffit de lui procurer un substitut affectif, de le mettre dans une autre niche, notamment celle fournie par les professionnels de la petite enfance, de façon à refaire, à reconstruire une niche, et le bébé va se débrouiller et redémarrer un développement. Sauf si l'isolement a duré trop longtemps.

Mais si l'empreinte est trop durable, la résilience sera difficile à faire démarrer. Tous les enfants ne redémarrent pas en même temps, certains le font très vite, d'autres laborieusement, et pour une raison simple : ceux qui redémarrent très vite sont les gros transporteurs de sérotonine ou ceux qui sécrètent beaucoup de NY (neuropeptide Y), précurseur de la DHEA (hormone du bon vieillissement). Un grand nombre de substances génétiquement déterminées font que nous sommes tous très inégaux en termes d'émotions. Certes, un déterminant génétique ne détermine pas grand-chose, mais c'est un déterminant quand même. La couleur de notre peau est génétiquement déterminée. Notre sexe est génétiquement déterminé. 7 000 maladies sont génétiquement déterminées. Mais quand on a dit cela, qu'a-t-on dit sur la condition humaine ? Presque rien. Rien de la vie intra-utérine, rien des interactions précoces, de l'école, de la manière de parler, de la culture, etc. Reste que 15 % d'entre nous sont des petits transporteurs de sérotonine, et cela se manifeste par une vivacité émotionnelle très grande. Vous allez au cinéma, vous pleurez. Vous lisez un roman, vous pleurez. On vous offre un bouquet de fleurs, vous pleurez, c'est merveilleux.

Mais c'est un tempérament, et non une maladie. Si l'on est sécurisé, et que l'on a une vie stable, on est émotif, et puis c'est tout ! Ce n'est pas grave. Beaucoup de gens trouvent même cela charmant. Ça donne du sel à la vie, cela la rend parfois un peu trop salée, mais c'est la vie, ce n'est donc pas une maladie. En cas de malheur, ces petits transporteurs souffrent beaucoup, mais si on leur tend la main, ils ne la ratent pas. Au contraire, les sujets qui paraissent blindés, qui devant une déconvenue disent que ce n'est pas grave, qu'ils s'en remettront, ils souffrent peut-être un peu moins, et si on leur tend la main, ils ne la voient pas ou ne la prennent pas. Ce n'est pas une maladie, c'est quand même une stratégie d'existence.

Ce facteur biologique de l'émotion n'est pas le seul déterminant. La parole en est un autre. On peut montrer par une expérience éthologique très simple que le déterminant de l'émotion est parolier, il n'est plus seulement biologique. Loin d'être le monde du silence, le monde utérin est incroyablement sonore. Et non seulement il y a beaucoup de bruits, mais les hautes fréquences y sont filtrées par le corps de la mère et par son liquide amniotique. En revanche, le liquide amniotique est un très bon transmetteur des basses fréquences car c'est un liquide. Quand vous allez à la pêche et que vous tapez dans les mains au dessus d'un banc de poissons, tous les poissons s'enfuient, comme si vous aviez donné un coup de poing sur la tête de chacun d'eux. Ils sentent les basses fréquences.

Dès qu'un bébé arrive au monde dans notre culture du chiffre, nous le mesurons et le pesons. Une fois ce rituel accompli, Éliane Noirot, professeure à Bruxelles, demande au père de parler au bébé, par exemple de lui lire le règlement du métro parisien : le bébé s'en moque éperdument. Mais lorsque c'est la mère qui lui lit ce même règlement, dont il se moque aussi éperdument, le bébé, âgé d'une heure tourne la tête et les yeux en direction de la source sonore. Le père lit à nouveau, mais sa voix laisse le bébé sans réaction, alors qu'il vient de réagir à celle de sa mère. Et il suffit qu'elle prenne la relève, qu'elle lise de nouveau, pour que le bébé tourne aussitôt les yeux en direction de la source sonore.

Cette expérience met en évidence que quand le bébé arrive au monde, il réagit à ce qui lui est familier, et ce qui lui est familier, ce sont les basses fréquences de la mère. D'où l'importance, que soulignait Françoise Dolto, de parler au bébé. Quand on parle à un bébé, c'est un événement intense dans sa vie de bébé. C'est parce qu'il reconnaît les basses fréquences, qu'il apprend vite ce visage familier, cette manière de le manipuler, de le soulever, autant d'événements intenses. C'est la vocalité qui tisse les premiers liens de l'attachement : le bébé s'attache aux basses fréquences de la voix maternelle qu'il reconnaît. Il n'est donc pas perdu dans le monde, il a un repère stable, les basses fréquences de la voix de cet objet étrange que, plus tard, il appellera « maman ». Car pour le moment, ce n'est pas « maman », c'est un objet sensoriel étrange qui le manipule, qui a une odeur et une voix connue.

Très tôt après, dès le deuxième mois, le bébé reconnaît entre tous le visage de sa mère. Scania de Schönen l'a montré à Toulouse grâce à un dispositif expérimental très simple. Elle a filmé le visage de la mère et celui de plusieurs femmes et hommes qu'elle a fait passer simultanément sur une batterie d'écrans de télévision. À un mois, le bébé balaie des yeux les écrans, mais il ne s'arrête sur aucun visage. À deux mois, il oriente ses yeux vers la télévision sur laquelle passe le visage de sa mère. Lorsque Scania de Schönen fait ensuite passer la cassette sur un autre écran sans rien changer d'autre au dispositif expérimental : le bébé tourne la tête et les yeux vers le visage de sa mère, quelle que soit sa place dans le dispositif. Ce n'est pas aux basses fréquences de la voix maternelle qu'il réagit cette fois, mais au visage de sa mère. Il s'est attaché à cet objet sensoriel qui n'est pas encore « maman », mais qui est déjà un objet saillant qui enclenche le processus tranquillisant de la familiarité.

Avec Maurice Ohayon, à Marseille, nous avons fait l'observation suivante. Nous avons demandé à des mères et à des pères la permission de filmer la toilette de leur bébé. Presque tous ont accepté. Nous avons alors constaté que les femmes et les hommes ne structurent pas du tout de la même façon la niche sensorielle autour du bébé. Les femmes sont plus bavardes, plus souriantes, elles s'approchent du bébé et s'extasient : « Ah ! Qu'il est beau ce bébé ! »

Le bébé reconnaît sa voix : « Ah ! Elle me parle ». Il est content, il se familiarise toujours plus. À la fin de la toilette, les mères prennent les bébés bien propres et les mettent contre leur poitrine, leur font des bisous et continuent à raconter des histoires. Avec le père, la niche sensorielle devient très différente. Quand un homme lave un bébé, il est plus distant, il est moins verbal, il sourit peu. Mais, à la fin de la toilette, les hommes font des jeux que ne savent pas faire les femmes, ils prennent les jambes du bébé et les font pédaler. Alors que les femmes prennent le bébé et le mettent contre leur poitrine, les hommes, lui font faire l'ascenseur et le bébé adore ça. Hubert Montagner a filmé ce jeu : les bébés écartent les bras en haut de l'ascenseur, puis les remettent le long du corps quand ils redescendent.

Élisabeth Fivaz, professeure à Lausanne, a eu une idée géniale : elle nous a demandé comment le bébé se comportait au début de la toilette avec son père et sa mère après plusieurs expériences avec l'un et l'autre. L'idée était de juger de la mémoire implicite du bébé. Nous nous sommes ainsi aperçu qu'à l'arrivée de la maman, le bébé la reconnaît – la voix, le visage, l'odeur, la manipulation – ; l'odeur est un objet sensoriel familier, sécurisant. Il sourit et offre son petit corps et hop l'interaction de toilettes commence. Tandis qu'à l'arrivée du père, le bébé reconnaît la voix, le visage, l'odeur, la manipulation, et il se contracte, probablement parce qu'il pense : « On va rigoler, mais ça va être intense. » Donc, cette observation est très importante, parce qu'elle permet d'affirmer qu'à deux, trois, quatre mois, un bébé répond à des informations qui sont déjà des représentations. Il répond à quelque chose qui est dans sa mémoire, qui est passé : le visage de maman, différent du visage de papa et il anticipe et répond à quelque chose qui n'est pas encore là, qui va venir ; la manipulation de maman n'est pas la même que la manipulation de papa. Les bébés répondent déjà à des représentations alors qu'ils sont très loin de la parole. Cela veut dire que bien avant la parole, les bébés répondent à quelque chose qui n'est pas dans le contexte, une représentation, quelque chose qui est dans la mémoire, qui va venir.

Avec René Soulayrol, Marcel Rufo et Saadi Lahlou à Marseille, nous avions fait une observation sur le premier sourire. Lorsque le bébé était endormi, nous avions collé deux dérivations d'encéphalogramme sur son front. L'électro-encéphalogramme est enregistré alors qu'une caméra filme la scène. À un moment donné, nous voyons le bébé sourire, on dit alors qu'il « sourit aux anges ». Dans le même temps, nous constatons sur l'électro-encéphalogramme que l'acte moteur est concomitant du sommeil rapide, ce qui plus tard donnera le sommeil paradoxal chez les adultes, c'est-à-dire une alerte cérébrale alors que le corps est mou, les muscles relâchés, mais le cerveau en plein orage électrique, raison pour laquelle on parle de « sommeil paradoxal ». Lorsque le bébé sourit, il fait en même temps des petits mouvements de doigt et des mouvements oculaires. Il ne voit pas, puisqu'il a les yeux fermés.

Nous n'avons jamais entendu une mère dire, quand elle voit son bébé sourire, « Matthieu vient de sourire parce qu'il a déclenché un neuropeptique secrétée par son sommeil paradoxal ». Elle interprète le premier sourire du bébé et cette interprétation organise, structure la niche sensorielle autour du bébé. « Il est mignon », « il est bien grâce à moi » : cette représentation, qui n'est pas nécessairement verbalisée, organise le toucher, le parler, l'interaction, la toilette, etc. Ces interactions commencent extrêmement tôt, raison pour laquelle on parle d'« interactions précoces ».

À l'hôpital de la Seyne, quand j'ai commencé jeune neurologue, j'ai eu l'idée de mettre des fiches dans les salles de travail de maternité, en demandant aux professionnels (sages-femmes, obstétriciens) de noter la première phrase de chaque mère quand on leur présente leur bébé. Cette observation a été reproduite à Mons-Hainaut en Belgique par le professeur Pierre Rousseau, obstétricien, et a donné les mêmes résultats. Quand on présente le bébé à sa maman, c'est une exclamation d'émotion – « Oh! » – quelle que soit la nationalité. La deuxième phrase, la plupart du temps, est attendrie : « Bienvenue chez les Dupont ! » « Oh ! Il est beau comme Jésus. » Ensuite, elles regardent le corps du bébé et disent : « Oh ! Il a de grands pieds, ce sera un footballeur comme son père » ou « Ah ! la, la, il a le nez de sa grand-mère ». Le simple fait de chercher sur le corps du bébé un indice anatomique qui va évoquer la famille où il arrive au monde révèle l'intention non consciente de la mère d'accueillir le bébé et de l'inscrire dans une filiation.

Cela veut dire que, d'emblée, une représentation mentale organise, structure la niche sensorielle biologique qui entoure le bébé et qui le stimule différentiellement. Ces phrases sont, la plupart du temps gentilles, mais parfois elles peuvent être tragiques. Parmi les phrases tragiques, je me souviens de celle-ci : « Elle est mignonne, c'est affreux ! » Comme je suivais cette mère depuis longtemps, je savais que le premier bébé qu'elle avait mis au monde était un petit garçon à qui il manquait un bras et que, comme souvent dans ce genre de handicap qui blesse les mères, les bébés sont surinvestis. Ce bébé à qui il manquait un bras avait une niche sensorielle presque un peu étouffante, trop sécurisante. La petite fille qui arrivait compensait le petit garçon. Chaque fois qu'elle pleurait, chaque fois qu'elle avait un petit chagrin, sa mère la rejetait : « Tu n'as pas à te plaindre, toi, tu as tes deux bras ! Tu pleures, regarde lui, il n'a qu'un bras et il ne pleure jamais ». Tout ce que faisait la petite fille était repoussé par la mère, autrement dit la petite fille n'avait pas du tout la même niche sensorielle que son frère. Dans une fratrie, les frères et les sœurs ne se développent jamais de la même manière, car ils n'ont pas du tout les mêmes parents : âge, contexte, sexe différent, etc. La niche sensorielle et affective du petit garçon était structurée de manière totalement différente de celle de la petite sœur.

Un autre exemple. J'accompagne une dame dont la biographie était une série de malheurs en cascade. Elle met au monde une petite fille et la petite fille se met à éternuer, à chougner un petit peu. La mère apostrophe alors les sages-femmes et les puéricultrices : « Mais enfin, faites quelque chose ! Vous voyez bien qu'elle va mourir ! » La petite fille faisait son métier de bébé, elle ne voulait pas du tout mourir, mais la mère, à cause de ses malheurs à répétition interprétait son comportement banal de bébé comme une preuve du désespoir qui était au fond d'elle. La niche sensorielle de cette petite fille a été un étouffement très difficile à supporter : dès qu'elle éternuait la mère venait et faisait une crise d'angoisse. Je les ai suivies. La mère ne voulait pas que sa petite fille aille à l'école, de peur qu'il lui arrive un malheur ou qu'elle la quitte. Elle ne voulait même pas que sa petite fille parle, car cela mettait trop de distance entre elles. Donc la niche affective et sensorielle qui entourait l'enfant était structurée par le monde mental de la mère imbibé de malheur. Ce monde mental se manifestait dans des comportements qui « tutorisaient » le développement de l'enfant.

Cela explique l'étonnement de Thomas Berry Brazelton lorsqu'il a observé que, quelle que soit la culture, 90 % des bébés se sentent bien dans les bras de leur mère, mais 10 % sont mieux dans les bras de la grand-mère ou dans les bras du père. Lorsque des bébés ne sont pas tranquillisés dans les bras de leur mère, on les change de bras et ils se calment aussitôt. On peut faire l'hypothèse que c'est à cause de l'histoire du malheur, de quelque chose qui a troublé l'interaction, et si l'on poursuit cette hypothèse, on pourra peut-être comprendre ce qui se passe et intervenir.

Il est maintenant certain que, quand il y a un appauvrissement sensoriel autour du bébé, quelle qu'en soit la cause, il y a une altération cérébrale. Cet appauvrissement peut être dû à la mort de la mère, une maladie grave, une dépression, une violence conjugale, un froid conjugal, une précarité sociale, la guerre. Cet appauvrissement fait que la niche est mal structurée et l'on observe que certaines zones cérébrales sont atrophiées : par exemple, une atrophie orbito-frontale droite et de la partie antérieure de la corne temporale.

Avec l'Unicef, nous avons travaillé au Congo avec des femmes qui se sont retrouvées enceintes à la suite d'un viol. La plupart de ces femmes ont du mal à aimer l'enfant. Quand nous leur parlons, elles disent : « Ah ! Oui, cet enfant, Dieu l'a voulu, il l'a fait naître au monde, je vais m'en occuper. » Mais elles ne le peuvent pas, elles voudraient bien, mais elles ne peuvent pas aimer l'enfant de ce « salopard » de violeur. Elles s'y appliquent consciemment, mais non consciemment, elles n'y arrivent pas. Le résultat, c'est que les enfants ont un très gros retard de développement. Mais si on leur donne des substituts affectifs, une autre femme, le père, ou les professionnels de la petite enfance, ils vont reprendre un développement, parfois bon, souvent même, mais pas toujours, alors que si on laisse l'enfant dans cette niche appauvrie, là on peut être sûr qu'il va mal se développer.

Colwyn Trevarthen prend une situation éthologique très simple, celle des praticiens dans leur activité quotidienne, qu'il analyse et interprète. Ainsi, il demande à la mère d'un bébé de

4 mois si elle veut bien venir au laboratoire où elle met le bébé sur sa chaise à bébé tandis que les caméras tournent, après avoir reçu l'autorisation de la mère. C. Trévarthen dit tout à coup : « Oh, je suis désolé, Madame, on m'appelle ! Ne bougez pas, je reviens tout de suite ». Il s'en va et les caméras continuent de tourner. La mère et le bébé restent passifs. Quelques minutes après, une interaction se déclenche et l'on voit ce genre de phénomène, c'est-à-dire des synchronies mimo-gestuelles. Quand on passe les films au ralenti, on se rend compte que dans 60 % des cas, c'est le bébé qui déclenche l'interaction et la mère qui imite le bébé. Mais en imitant les mimiques du bébé, elle les interprète, elle parle en même temps. Ils s'ennuient ; à un moment donné le bébé fait une mimique d'ennui ; alors la mère le voyant faire ça le fait à son tour, mais en le commentant : « Ah ! Oui, on s'ennuie ici, on ferait mieux d'être à la plage ! » Le bébé voit qu'on lui parle. Alors, il est content, il sourit et gambade. S'instaure alors une synchronie mimo-gestuelle. Ils se « parlent ». Daniel Stern dit qu'il s'agit d'une proto-conversation, c'est-à-dire qu'il y a des tours de parole et des mimiques. Mais quand cette situation ne peut pas s'établir, car la mère est morte, qu'elle est malheureuse, quelle que soit la cause de son malheur, ou qu'elle est malade, comme cette patiente qui, au moment où elle a mis au monde son bébé, a appris que sa mère avait déclenché une maladie d'Alzheimer, si bien que la patiente a été coincée entre son travail, son bébé et la maladie de sa mère. Cela faisait de lourdes journées pour cette femme qui en était malheureuse et épuisée, mais qui ne pouvait pas faire autrement : elle a organisé autour de son bébé une niche sensorielle appauvrie.

Edward Tronick a ainsi créé une situation expérimentale pour rendre observable ce qui se passe quand la mère est malheureuse. Une mère est invitée au laboratoire à faire des synchronies mimo-gestuelles avec son bébé. Le bébé rit, elle rit en retour, et à un signal convenu, elle arrête de « gestuer ». Presque aussitôt, le bébé se raidit, devient hypertonique, se décoordonne complètement. Il se met parfois à crier. La mère continue à ne pas « gestuer » et le bébé se met à pleurer. C'est la fin de l'observation, parce que presque aussitôt la mère reprend son sourire : « c'est fini, c'est fini ! » Et cela est important : dès l'instant où la mère se remet à faire des mimiques, le bébé lui fait une déclaration d'amour et lui tend les mains.

Cette expérimentation a été faite de nombreuses fois avec des variantes. L'idée en est toujours que, quelle que soit la cause du malheur de la mère – cancer, mari, société, guerre, pauvreté –, quand une femme est abattue, si elle est seule avec le bébé, ils se désynchronisent. Dans beaucoup de pays africains, les mamans disent qu'il faut un village pour élever un enfant. Les Américains ont repris cette phrase à leur compte. Et je crois que c'est exact. Au Congo, chez les Indiens de Lima au Pérou, c'est le village qui s'occupe d'un enfant, de sorte que, si la mère est défaillante, parce qu'elle est malheureuse, si elle vient à mourir, parce que son mari n'est pas gentil, etc., si ce tuteur de développement ne fonctionne plus bien, tous les autres tuteurs de développement sont en place et l'enfant se développe quand même. Notre culture a composé tragiquement la bien nommée cellule familiale. Si, dans la cellule familiale, la mère est malheureuse, le bébé est prisonnier de son malheur, alors que si le père intervient, il ouvre la cellule.

John Bowlby a dit et n'a cessé de répéter depuis 1950 que ce qu'il y a de plus protecteur du développement d'un enfant, ce sont les systèmes familiaux à multiples attachements. Celui de la mère, bien sûr, puisque c'est elle qui porte l'enfant, elle qui a une antériorité dans les empreintes. Mais s'il y a une antériorité, il ne faut pas qu'il y ait un monopole. Le monopole, c'est la prison affective pour l'enfant qui dépend de l'état mental de sa mère. S'il y a un père, si ce père participe à la toute petite enfance, s'il y a une famille, la tante, la fratrie, le chien, le chat, les moniteurs de sport… s'il y a une constellation de figures d'attachement, même si un tuteur casse, les autres figures continuent à « tutoriser ». D'où la nécessité de développer les métiers de la petite enfance, à condition que ces métiers puissent procurer des figures d'attachement, c'est-à-dire des stabilités affectives. L'enfant souffrira, mais il se débrouillera, il ne sera pas abîmé par le malheur de sa mère.

Nous constatons dans ce genre d'expériences, maintenant que l'on dispose d'images par résonance magnétique, qu'un appauvrissement sensoriel autour de l'enfant a pour effet des neurones préfrontaux qui se couchent et ne se connectent pas. Ce qui fait que, quand les enfants ont une émotion, leur amygdale rhinencéphalique – socle neurologique des émotions – se met à flamber, ils ne contrôlent pas ce qu'ils ressentent et réagissent de manière disproportionnée. Si les lobes préfrontaux sont bien circuités par les interactions précoces, l'enfant acquiert le contrôle neurologique de ses émotions, prélude à l'apprentissage du contrôle verbal – « Tu dois t'expliquer ! Qu'est-ce qui ne va pas ? » –, puis au contrôle culturel : « Il y a des gens pour t'aider, il y a des lieux pour t'exprimer… ». Avant la parole, c'est-à-dire avant le 20e mois, le contrôle de l'expression des émotions doit être neurologique. Or, les bébés qui ont été isolés précocement dans la vie ou le malheur des parents ne mettent pas en place les fibres préfrontales qui permettent d'inhiber l'explosion de l'amygdale. Il ne peut pas inhiber l'impulsion et ça donne les *borderline*, les états limites, c'est-à-dire les enfants qui en grandissant souffrent énormément et font souffrir autour d'eux. Ils souffrent énormément d'angoisse, appellent au secours, reprochent aux adultes de ne pas les aider et agressent ceux qu'ils aiment. Ce qui rend très difficile d'aimer et d'aider ces enfants malheureux. Mais ils ne peuvent pas faire autrement. Presque tous les *borderline* ont eu des carences sensorielles précoces.

Je vais conclure par une dernière expérimentation sur des animaux. Nous ne pouvons pas extrapoler ces résultats à l'être humain, mais ces expérimentations animales ont une valeur heuristique, c'est-à-dire qu'ils soulèvent des hypothèses et donnent parfois des résultats qui éclairent en partie la condition humaine, mais parfois cela donne des résultats complètement différents. Voici la situation expérimentale : Erwin Hess prend des canetons et les met dans des boites noires ; à différentes heures de vie, il prend un caneton et le met dans un circuit en verre où il y a un leurre en celluloïd qui est commandé à distance. Il peut aller en avant, en arrière, lentement ou très vite. De la première à la treizième heure, les canetons qui sont mis dans ce couloir ne suivront pas le leurre, mais entre la treizième et la dix-septième heure, 90 % des canetons mis dans ce couloir suivront le leurre quelle que soit sa direction dans l'espace et quelle que soit sa vitesse. Après la dix-septième heure, le comportement redevient aléatoire. K. Lorenz a déterminé cette période sensible entre la treizième et la seizième heure où le caneton peut s'attacher à tous les objets qui passent. Or, l'objet d'un bébé, c'est sa mère, donc si sa mère est là, il s'y attache, il s'attache à cet objet sensoriel et c'est seulement longtemps après qu'il l'appellera « maman » et que sa mère deviendra une personne.

Lorsque ces canetons ont été sacrifiés et examinés, nous avons constaté que la période correspondait à un moment de la chronobiologie, un pic de synthèse de l'acétylcholine, c'est-à-dire du médiateur de la mémoire. Nous avons alors donné des substances de synthèse Artane®, et certains antidépresseurs, à effet anti-cholinergique. Le caneton ne s'attache pas et nous avons constaté qu'il avait des troubles du comportement, c'est-à-dire qu'il ne savait pas traiter les informations, exactement comme nos enfants *borderline,* pour qui tout est cause d'affolement, auquel ils réagissent par l'agression, l'auto-agression et l'agression de l'autre. Ils ont acquis une vulnérabilité neurologique pour peu qu'autour d'eux on ne parle pas ou qu'on les envoie promener, parce qu'ils sont épuisants. La famille souffre, eux souffrent, tout le monde souffre tellement ils sont difficiles. La famille épuisée, à bout de nerfs les envoie promener, ils n'acquièrent pas la deuxième manière de maîtriser l'émotion – la parole –, ils se socialisent mal et n'assimilent pas la troisième manière de maîtrise de l'émotion : les rituels sociaux, les rituels culturels.

Ces enfants qui se développent mal, souffrent, font souffrir et n'acquièrent aucun processus de socialisation. C'est dans cette population-là qu'on trouve tous les suicides d'enfant. Michel Tousignant, qui est un des chercheurs le plus avancés dans la recherche sur le suicide, a observé jusqu'à l'adolescence une population d'enfants abandonnée ou isolée sensoriellement précocement. Il a constaté que dans cette population, le suicide est quatre fois plus fréquent que dans la population générale. Les enfants n'ont pas de possibilité de maîtriser leurs émotions ni neurologiquement, ni verbalement, ni culturellement. Pour l'enfant abandonné précocement, tout est drame ! La mort est préférable.

Mais il existe des démarches neurologiques, psychologiques, culturelles qui rendent possibles le façonnement réciproque, pas seulement de la mère et de l'enfant, mais à l'intérieur de la niche sensorielle. Il y a la mère bien sûr, mais il peut y avoir une autre femme. Il peut y avoir un père. Il peut y avoir une institution, des professionnels de la petite enfance. L'enfant peut alors se développer quand même à condition qu'on lui propose des substituts affectifs : le processus de résilience démarre ainsi.

Chapitre II

Manger à la crèche

Sandrine Monnery-Patris

En guise de mise en bouche

De nombreuses contraintes, notamment hygiéniques et pratiques, pèsent sur l'organisation des repas en crèche, conduisant trop souvent les responsables à recourir à des produits industrialisés irréprochables au plan sanitaire, mais d'une grande pauvreté sensorielle. Or le goût des aliments est le premier pilier du plaisir de manger ! De plus, on sait aujourd'hui que les premières années de la vie sont cruciales dans l'édification du répertoire alimentaire du jeune enfant. Les expériences sensorielles et alimentaires vécues durant la prime enfance orienteront le profil du futur gastronome. L'histoire de la formation du goût se construit avant même la naissance de l'enfant, lorsque le fœtus découvre les arômes de l'alimentation de sa mère qui passent dans le liquide amniotique. Elle se poursuit lors de l'allaitement : le lait maternel est parfumé par les arômes présents dans l'alimentation maternelle (vanille, carotte, ail, épices…), offrant ainsi, en plus de ses vertus immunitaires et nutritionnelles, une palette sensorielle d'une grande richesse préparant l'enfant à sa future alimentation. Aussi les caractéristiques sensorielles de l'alimentation que l'enfant aura reçue durant les premières années de vie, en termes d'arômes, de saveurs, mais également de texture, impacteront sa curiosité culinaire ultérieure en modulant notamment ses réactions néophobiques (rejet de la nouveauté).

Dans le contexte actuel d'abondance de l'offre alimentaire et de doutes surmédiatisés (obésité, malbouffe, crise alimentaire de la vache ou des graines germées…), la question de l'alimentation des jeunes enfants est plus que jamais au cœur des préoccupations des parents comme des professionnels de la petite enfance. Les défis à relever sont sans précédent : développer le goût de l'enfant tout en satisfaisant ses besoins d'omnivore, développer sa socialisation tout en favorisant son épanouissement à l'heure des repas, et surtout, lui transmettre le plaisir de goûter, de manger et de partager. Ajouter à cela les contraintes sanitaires et organisationnelles liées à la collectivité, on comprendra sans peine que la question « Comment faire des repas à la crèche des moments de plaisir ? » est loin d'être une simple figure de style !

L'objet du présent chapitre est de proposer quelques pistes de réflexion pour répondre au mieux aux questions soulevées lors de la conception et de la réalisation des repas en crèche. À l'appui de résultats d'études scientifiques récentes, nous rappellerons en premier lieu les étapes passionnantes qui jalonnent la formation du répertoire alimentaire dans les premières années de la vie (comment se forme le goût d'un enfant ?). En second lieu, nous discuterons de l'impact de certaines pratiques éducatives sur les comportements alimentaires des enfants. Enfin nous évoquerons comment ces différentes connaissances peuvent être mises en place dans le cas particulier des repas en crèche à l'aide d'exemples concrets.

Comment se forme le goût ?

Le principal argument donné par les enfants pour expliquer qu'ils aiment ou n'aiment pas un aliment est le goût. C'est donc une hypothèse sensorielle qui est avancée pour expliquer les préférences au moment des repas. L'histoire de la formation du goût n'est cependant pas confinée à l'apparition des premières grimaces à table, lorsque le petit Gaspard rechigne à goûter ses épinards ! Elle débute très tôt, lorsque le petit de l'homme est encore dans le ventre de sa mère et qu'il est à même de détecter les arômes et les saveurs transmis *via* l'alimentation maternelle.

Avant la naissance déjà...

Les sens du goût que sont la gustation et l'odorat sont fonctionnels à partir de vingt semaines (environ) de vie intra-utérine. Dès cette période, le fœtus affiche une préférence pour la saveur sucrée. Des études rapportent que le fœtus ingère de plus grandes quantités de liquide amniotique lorsque celui-ci est sucré que lorsqu'il ne l'est pas. De même, il semble établi que le fœtus détecte les arômes alimentaires issus du régime maternel dès la trente-deuxième semaine de grossesse. Les apprentissages sensoriels pourront alors débuter, le fœtus se familiarisant progressivement avec les notes aromatiques de sa future culture culinaire.

Ces arômes appris lorsqu'il était dans le ventre de sa mère susciteront à la naissance des réactions positives d'acceptation. L'attirance du nouveau-né pour des odeurs perçues avant sa naissance a été confirmée par différentes études. Une recherche[4] a ainsi montré que les bébés, dont la mère avait consommé des biscuits à l'anis (recette alsacienne) pendant les derniers mois de grossesse, préféraient cette odeur anisée à l'absence d'odeur. En effet, dans une situation de double choix au cours de laquelle deux petits cotons (l'un anisé, l'autre sans odeur) étaient présentés de part et d'autre du visage de l'enfant, les chercheurs ont observé que les bébés familiarisés à l'odeur anisée dans le ventre de leurs mères avaient tendance à s'orienter plutôt du côté anisé. En revanche, les bébés dont la mère n'avait pas consommé de biscuit anisé ne présentaient pas de préférence pour cette odeur. Ces

4. Schaal B., Marlier L., Soussignan R., « Human foetuses learn odours from their pregnant mother's diet », *Chemical Senses*, 25(6), 729-737, 2000.

résultats soulignent que non seulement le nouveau-né réagit aux odeurs, mais qu'il est capable de les mémoriser et de les reconnaître dans une situation de choix. Depuis toujours, les mères ont eu ce savoir intuitif en favorisant la consommation pendant la grossesse de certaines épices (comme le curry en Inde) ou de certains aliments (comme l'ail ou l'huile d'olive dans les pays méditerranéens) pour préparer le bébé à son futur régime alimentaire.

Apprentissage sensoriel via l'alimentation lactée

L'apprentissage des arômes et des saveurs se poursuit pendant la phase d'alimentation lactée. Le lait maternel, d'une richesse et d'une diversité sensorielles incomparables, se parfume des notes aromatiques présentes dans l'alimentation maternelle. Le lait de substitution, malgré un profil sensoriel plus monotone, contribue également à apporter une signature spécifique selon le type proposé au nourrisson. Par exemple, les formules à base d'hydrolysat de protéines ont une dominante amère et acide, alors que les formules à base de lait de vache sont plutôt acides, faiblement sucrées avec des arômes typés céréales.

On sait aujourd'hui que les expériences sensorielles vécues pendant l'allaitement peuvent moduler les comportements alimentaires ultérieurs de l'enfant, de l'adolescent, voire de l'adulte. Il a ainsi été montré que des nourrissons allaités au sein acceptent plus rapidement de consommer un aliment nouveau, et en consomment plus, que des enfants nourris au biberon. L'explication donnée repose sur la notion de diversité sensorielle. La composition du lait maternel variant selon l'alimentation de la femme allaitante, l'enfant allaité est exposé à une diversité sensorielle (en termes aromatiques, sapides, texturales) toujours supérieure à celle présente dans le lait de substitution. Cette exposition précoce à une grande palette sensorielle favoriserait ainsi l'acceptation de la nouveauté alimentaire et l'acquisition du goût pour la variété.

L'influence des expériences alimentaires précoces sur le comportement du futur gastronome a été également mise en évidence dans une étude décrivant les préférences d'enfants âgés entre 4 et 5 ans. Les auteurs de cette étude ont révélé des liens significatifs entre leurs préférences pour différents jus de fruits à 4-5 ans et le lait de substitution avec lequel ils avaient été nourris durant leur prime enfance ! En outre, les enfants nourris avec une formule à base d'hydrolysat de protéines (connus pour leur saveur acide) lorsqu'ils étaient nourrissons acceptent plus facilement les jus de fruit rendus acides pour les besoins de l'étude que les enfants ayant reçu un régime lacté classique (à base de lait de vache). Les enfants nourris bébés avec des laits de soja amers préfèrent un jus de pomme rendu légèrement amer. Enfin, les enfants nourris avec des laits classiques préfèrent le jus de fruit standard. Ainsi, l'exposition répétée durant les premiers mois de la vie à un lait ayant une signature sensorielle spécifique (plus ou moins amère ou acide) créée des préférences qui se sont maintenues dans le temps.

Diversification alimentaire : ouverture sensorielle

Entre 4 et 6 mois, l'enfant est progressivement initié à l'introduction dans son régime d'aliments dits « semi-solides » ou « solides ». Tout en continuant d'apprécier les aliments denses d'un point de vue énergétique, l'enfant se montre ouvert à l'apprentissage de la nouveauté nécessaire à sa condition d'omnivore. D'après les résultats d'une étude conduite à Dijon[5], les parents décrivent cette période de transition comme relativement aisée, leur enfant ne rechignant à goûter ce qu'on leur propose que dans de très rares cas (à peine 10 % des cas). Certains chercheurs

5. Nicklaus S., « Le développement du comportement alimentaire dans les deux premières années de vie : Quelques premiers résultats de l'étude Opaline », *Lettre Scientifique de l'IFN*, 133, 1-4, 2009.

parlent de la période allant de 4 à 7 mois comme d'une période quasi idéale, propice aux découvertes sensorielles et à l'introduction de la nouveauté.

Cependant, les parents comme les professionnels de la petite enfance s'interrogent sur le mode d'introduction des aliments non lactés. Faut-il présenter un aliment seul ou en mélange ? Quel ordre doit-on respecter pour introduire les légumes, les fruits… ? À quelle fréquence doit-on les introduire ? Un légume par jour, par semaine ? Faut-il varier les premiers petits plats (comme le font généralement les parents français) ou doit-on au contraire présenter un seul et même aliment sur toute une semaine (modèle allemand). À ce jour, peu d'études se sont véritablement attachées à décrire et évaluer quelle serait la méthode la plus adaptée pour introduire les aliments non lactés dans les repas de l'enfant.

Deux types de recherches méritent toutefois notre attention.

Une première série d'études (conduites aux États-Unis et en France) a montré que des enfants de 4 à 7 mois exposés à des petites purées[6-7] de légumes variées de jour en jour se montraient moins réticents à goûter une purée nouvelle que des enfants soumis durant une même période à une seule et même purée. En d'autres termes, ces résultats permettent d'étayer l'hypothèse selon laquelle l'exposition à une plus grande variété sensorielle tend à réduire le degré de néophobie de l'enfant.

Parallèlement, des études ont analysé les conséquences d'une introduction retardée des morceaux dans l'alimentation du jeune enfant. Il semble aujourd'hui établi que la période de 6

6. Gerrish C. J., Mennella J. A., « Flavor variety enhances food acceptance in formula-fed infants », *American Journal of Clinical Nutrition*, 73(6), 1080-1085, 2001.
7. Maier A., Leathwood P., Schaal B., Issanchou S., « Sensorialité et diversification alimentaire », *Médecine & Enfance*, 30(Hors Série), 71-79, 2010.

à 10 mois est critique pour l'introduction d'une variété de textures. En outre, les capacités masticatoires de l'enfant pourront se développer notablement entre 6 et 10 mois, si et seulement si l'enfant expérimente les textures des aliments durant cette période. Environ 23 % des enfants éprouvent des difficultés avec les morceaux. Cependant, retarder l'introduction d'une alimentation progressivement texturée peut aussi conduire à des problèmes d'acceptation de textures ultérieurs. Une étude récente[8] révèle que le meilleur prédicteur de l'acceptation par l'enfant d'un plat de carottes en morceaux à l'âge de 12 mois est le fait qu'il a expérimenté des aliments texturés entre 6 et 10 mois. Plus on retarde l'introduction d'aliments en morceaux, plus le risque de refus de consommer des aliments texturés augmente. Il apparaît donc crucial d'éduquer les parents ou les professionnels de la petite enfance à gérer ce phénomène pour éviter les refus futurs. Une étude longitudinale suivant un grand nombre d'enfants sur plusieurs années (étude de cohorte) indique que l'introduction de morceaux postérieure au 9e mois de l'enfant est associée à des profils alimentaires plus difficiles à 7 ans (nombreux refus, enfant décrit comme étant très sélectif...) et à une moindre consommation de dix catégories de fruits et légumes !

Une autre question soulevée par les parents et les professionnels de la petite enfance concerne l'impact des aliments industrialisés (conserves destinées aux jeunes enfants qui portent le doux nom de petits pots), en comparaison avec les aliments faits maison, sur le comportement de l'enfant. Plusieurs résultats scientifiques permettent d'éclairer cette interrogation. Il a été montré que la consommation de légumes cuisinés maison (par opposition aux petits pots) avant 6 mois est associée à une plus forte consommation de fruits et de légumes à l'âge de 7 ans. En somme, une

8. Mason S. J., Harris G., Blissett J., Tube feeding in infancy: implications for the development of normal eating and drinking skills, *Dysphagia*, 20(1), 46-61, 2005.

alimentation plus goûteuse et texturée durant la prime enfance faciliterait la consommation ultérieure d'aliments fibreux et à la flaveur marquée comme les légumes.

Une autre recherche indique que l'appréciation d'un aliment sous une forme « cuisiné maison » se généralise à l'appréciation de ce même aliment présenté en petit pot issu du commerce[9]. En d'autres termes, un enfant qui a l'habitude de consommer, par exemple, une petite compote de pommes cuisinée maison ne rechignera pas à apprécier sa version petit pot. Ainsi, la consommation d'aliments cuisinés maison, caractérisés par une flaveur plus riche et plus texturée que les mêmes aliments dans leur version petits pots, ouvre le répertoire de l'enfant et le prédispose à apprécier et à consommer facilement des aliments présentés sous une nouvelle préparation. Cependant, l'inverse n'est pas vrai ! Cette même étude révèle en effet que l'appréciation d'un aliment dans sa version petit pot n'est pas associée à son appréciation sous la forme « fait maison ». Le fait de proposer principalement des aliments industrialisés aura pour effet de restreindre le répertoire de l'enfant à ce type de préparation (texture ultra mixée, goût affadi...), en limitant l'ouverture vers d'autres formes de présentation.

Des goûts et des couleurs

Les préférences alimentaires des jeunes enfants sont très adaptatives. Ils éprouvent du plaisir à consommer les aliments denses dont ils ont besoin pour leur croissance. La saveur sucrée est, dès les premières heures de vie, très attractive et le restera longtemps !

Très tôt, l'enfant apprend : la répétition des présentations d'un aliment favorise son appréciation. Il peut même apprendre à aimer des aliments initialement rejetés. L'exposition répétée d'un

9. Birch L. L., Gunder L., Grimm-Thomas K., Laing D. G., « Infants' consumption of a new food enhance acceptance of similar foods », *Appetite*, 30(3), 283-295, 1998.

même aliment à plusieurs occasions permet le développement de préférences. Ainsi, une étude réalisée auprès de nourrissons âgés de 4 à 7 mois indique que la consommation d'une petite purée *a priori* rejetée augmente au fur et à mesure des présentations, pour atteindre le niveau de consommation d'un aliment apprécié au terme de huit essais [10]. Il est alors regrettable d'observer que les parents cessent de présenter à leur enfant un aliment *a priori* non apprécié en moyenne au terme de trois essais.

Parallèlement, les enfants vont apprendre à associer le goût d'un aliment aux sensations physiologiques de rassasiement qui suivent sa consommation. Ainsi, une flaveur (arôme, odeur...) associée à un aliment dense d'un point de vue énergétique sera progressivement préférée à la flaveur d'un aliment plus pauvre en calories. En somme, dès leur plus jeune âge, les enfants vont apprendre à reconnaître les flaveurs des aliments qui leur procureront une sensation de satiété, autrement dit qui leur tiendront bien au ventre.

Entre 2 et 3 ans, il a été montré que les goûts des enfants se précisent et se stabilisent. C'est comme si, après une période d'essais (d'ouverture), les enfants reconnaissaient et sélectionnaient leurs aliments favoris. Cette sélection, qui aboutit à une restriction du répertoire alimentaire, est concomitante de l'apparition d'un autre phénomène : la néophobie alimentaire. Environ 50 % des enfants âgés de 2 ans éprouvent de la réticence à goûter un aliment non familier, ou un aliment habituel mais présenté sous une forme nouvelle. La néophobie est une phase normale du développement, extrêmement variable d'un enfant à l'autre, et touche toutes les espèces omnivores qui doivent faire des choix pour se nourrir. Ce comportement néophobique prévient alors

10. Maier A., Chabanet C., Schaal B., Issanchou S., Leathwood P., « Effects of repeated exposure on acceptance of initially disliked vegetables in 7-month old infants », *Food Quality and Preference*, 18(8), 1023-1032, 2007.

l'enfant du risque potentiel d'intoxication lors de la découverte d'un nouvel aliment.

Les parents comme les professionnels de la petite enfance se trouvent souvent démunis face aux grimaces ou aux séquences de tris des aliments dans l'assiette ! La néophobie ne constitue toutefois pas seulement un casse-tête pour les adultes en charge de la préparation des repas. Elle a des conséquences sur les comportements ultérieurs des enfants. Les enfants les plus néophobes sont ceux qui ont la moins grande variété de répertoire alimentaire ultérieurement. Les fruits et surtout les légumes sont consommés en plus petite quantité chez les plus néophobes, malgré le bénéfice réel de ces aliments dans l'équilibre de l'omnivore.

Comment limiter la néophobie et les comportements difficiles à table ?

Il semble aujourd'hui établi que la variété sensorielle précoce du régime durant les premières années de la vie peut réduire l'expression de la néophobie chez l'enfant. On n'insistera donc jamais assez sur la nécessité de proposer très tôt une palette sensorielle étendue à l'enfant pour ouvrir son répertoire alimentaire et favoriser l'appréciation de la nouveauté au moment des repas. De plus, la répétition est catalyseur de plaisir alimentaire. Il ne faut pas hésiter à proposer de nouveau un aliment même s'il ne semble pas susciter l'enthousiasme de l'enfant de prime abord ! Ne renoncez pas à les exposer aux aliments même conflictuels. C'est par ce mécanisme de familiarisation et de répétition de l'exposition (au minimum huit essais) que l'enfant va apprendre progressivement à apprécier une gamme étendue de mets. Cet apprentissage peut être renforcé si un adulte en consomme devant l'enfant par simple effet de mimétisme. C'est par ce biais que les enfants sud-américains vont progressivement apprendre à aimer les plats pimentés : par observation, puis imitation des adultes.

Pratiques éducatives

Face à l'appétence des enfants pour les aliments denses et l'expression contrastée de la néophobie, la tentation est forte de plébisciter des aliments *a priori* fortement appréciés de l'enfant au moment des repas afin de limiter les conflits. Les résultats d'une étude conduite à Dijon[11-12] sur un échantillon de plus de quatre cent cinquante parents d'enfants âgés de 20 à 36 mois révèlent que les pratiques éducatives en matière d'alimentation expliquent environ 20 % des comportements difficiles de l'enfant au moment des repas. Les pratiques qui sont associées le plus au caractère difficile de l'enfant (sélectif, néophobe et peu d'intérêt pour la nourriture) concernent :

- le fait d'adopter un style éducatif permissif (peu de règles imposées, centration forte sur les désirs et les goûts de l'enfant),

- de cuisiner selon ses goûts,

- d'user de stratégies coercitives (punir, gronder, forcer l'enfant).

Ainsi, en cuisinant selon les goûts de l'enfant, l'offre alimentaire proposée se restreint progressivement aux seuls aliments acceptés par lui, limitant ainsi le bénéfice évoqué plus haut de la variété sensorielle précoce, notamment dans la réduction du degré de néophobie. Parallèlement, le recours à une trop forte répression conduit à l'instauration d'un climat délétère au moment des

11. Monnery-Patris S., *L'enfant difficile à table : impact des caractéristiques personnelles et des pratiques familiales*, Résultats préliminaires de l'étude Opaline, Paper presented at the XVIIIe Rencontre Scientifiques de Nutrition, 2009, from http://www2.dijon.inra.fr/intraflavic/bibliographie/tap-senso/senso_18239.pdf.
12. Nicklaus S., Rigal N., « Évolution des comportements alimentaires du jeune enfant : implication des parents », *Médecine & Enfance*, 30, 80-91, 2010.

repas, limitant la convivialité et donc le mimétisme susceptible d'opérer.

Il paraît alors légitime de proposer aux enfants, sauf contre-indication médicale en cas de soupçons d'allergies, une alimentation variée d'un point de vue sensoriel dès la phase de diversification alimentaire. On l'a vu, l'exposition à une variété de flaveurs favorise une meilleure appréciation des aliments nouveaux. Aussi, l'introduction précoce de fruits et légumes pendant la diversification est associée à une plus forte consommation de ces aliments entre 2 et 5 ans. Parallèlement, le processus de familiarisation ou de répétition permet une augmentation des préférences au fur et à mesure des consommations. N'hésitez pas à reproposer un aliment préalablement rejeté, sans forcer, mais en expliquant son goût, son histoire et en le dégustant devant l'enfant.

En guise de dessert

Le goût est le premier pilier du plaisir de manger. Proposer en crèche des repas qui ont du goût est un prérequis indispensable pour que le temps du repas soit un moment de plaisir. Dès les premières expériences alimentaires, l'enfant apprend. Il est capable de mémoriser les odeurs et les arômes avec lesquels il a été familiarisé dans le ventre de sa mère *via* le liquide amniotique, lors de l'allaitement et de la diversification alimentaire. N'oublions pas que l'éducation de ses papilles participe à l'éveil et à la socialisation de l'enfant. Lui proposer une alimentation monotone – pour raison sanitaire – durant les premières années de sa vie nous rend responsables, car les expériences alimentaires précoces se gravent pour longtemps et vont servir de repère dans la vie future du gastronome.

Fort heureusement, il y a en France nombre d'exemples de démarches émanant de responsables de crèches ou simplement de parents qui nous amènent à penser que les obstacles sécuritaires et gestionnels à la confection de vrais repas qui ont du goût sont loin d'être insurmontables ! Pour cela, il suffit de faire de l'éveil au goût une priorité, à l'instar de Thierry Durand[13], Chef cuisinier de la crèche « Au bord de l'eau », à Hérouville-Saint-Clair, en Normandie. « Un chef chez les petits, c'est l'occasion d'initier les jeunes enfants au beau, au bon et donc au bien manger ». Une éducation indispensable qui, inscrite dans le projet pédagogique de la crèche et en collaboration avec les éducateurs, fait vibrer les narines et les papilles des petits et des grands ! De même, citons la démarche de Jean Sulpice, Chef de l'Oxalys, qui confectionne les repas de la crèche de Val Thorens. Conscient de l'importance d'une bonne éducation alimentaire, il prend les rênes de la cantine de la crèche avec pour objectif de sensibiliser, éduquer et transmettre la qualité de la nourriture aux enfants et faire travailler leurs palais. Son équipe, en collaboration avec une nutrionniste, prépare entre vingt-cinq et trente menus livrés directement à la crèche. Les produits utilisés sont ceux qui figurent sur la carte du restaurant ! Autre exemple parmi tant d'autres, dans les crèches municipales de Rennes, l'objectif est de prendre en compte les dernières études scientifiques et d'en tirer des leçons pour éviter, à long terme, le développement de certaines pathologies. La diversification a été avancée entre 4 et 6 mois. Au menu : moins de sel pour éviter les risques d'hypertension, moins de sucre, des matières grasses de qualité, davantage de fruits et légumes... Sans pour autant oublier le plaisir de manger. Le « bon allez, mange, dépêche-toi » ne fait plus partie du vocabulaire de la crèche !

13. Durand T., « Un chef pour les petits », *Journal des professionnels de la Petite enfance*, 68, 44-45, 2011.

Chapitre III

Adultes-enfants-espaces de jeu

Anne-Marie Fontaine

Proposer un espace de jeu, des jouets et des activités adaptés à l'âge des enfants est l'une des tâches majeures des professionnels de la petite enfance, elle monopolise en effet leur réflexion et une grande partie de leur temps de travail quotidien.

Les espaces aménagés et les jouets ne sont pas seulement des supports pour développer la psychomotricité et l'exploration des jeunes enfants, ce sont aussi de puissants organisateurs des interactions et des communications de tous les partenaires, comme l'ont montré des recherches novatrices[14].

Ces recherches, centrées sur le développement des premières interactions entre enfants dans la période préverbale[15], ont montré l'impact de certains paramètres de l'environnement physique ou social sur le comportement des jeunes enfants, apport extrêmement précieux pour les professionnels de la petite enfance, qui leur fournit une mine d'applications possibles pour ajuster au mieux leurs propositions aux besoins des enfants.

14. Fontaine A.-M., « Apprendre à bien jouer ensemble, ça prend du temps ! », *Le journal des professionnels de l'enfance*, 31, 50-52, 2004.
15. Notamment, les travaux de Jacqueline Nadel et Alain Legendre, chercheurs au CNRS dans les années 1980-1990.

L'écologie du développement

L'écologie du développement est une direction de recherche, encore très peu développée, qu'Alain Legendre[16], à la fois architecte et psychologue de formation, a adoptée. Elle réunit les perspectives de la psychologie de l'environnement et du développement. Son objectif est d'identifier les caractéristiques de l'environnement physique susceptibles d'influer sur le développement des enfants dans des milieux de vie naturels comme l'école ou les lieux d'accueil collectifs des jeunes enfants.

Le modèle de compréhension est systémique, il conçoit une salle de crèche comme un site écologique dans lequel se jouent des interactions complexes entre trois composantes : les enfants, les adultes, et les ressources matérielles. Chaque composante du système peut varier selon différents paramètres :

- les enfants : leur âge et leurs moyens fonctionnels (moteurs, cognitifs, relationnels), leurs intérêts du moment, leur adaptabilité, leur nombre ;

- les adultes : leur nombre, leur positionnement dans l'espace, leurs attitudes professionnelles, leurs projections personnelles ;

- les ressources matérielles : l'architecture, les espaces disponibles, les meubles, les jouets disponibles.

Cette approche systémique permet de constater que toutes les relations entre ces trois composantes sont réciproques et que tout changement dans les paramètres de l'une d'entre elles

16. Legendre A., « Interactions des jeunes enfants en groupe : les supports et contraintes de l'environnement spatial », *Revue de psychologie de l'éducation,* 2, 139-160, 1997.

provoque des changements dans les deux autres. On aurait par exemple tendance à penser que ce sont les adultes qui régulent le système puisque ce sont eux qui arrangent les meubles et choisissent les jouets, mais les enfants sont loin d'être passifs vis-à-vis de l'environnement qu'on leur propose : ils sélectionnent ce qui leur convient et réagissent par divers comportements (déplacements, pleurs, conflits entre enfants, etc.) quand il ne leur convient pas.

On parle *d'adéquation environnementale* quand l'environnement est un bon support des objectifs des usagers d'un lieu, de leurs activités, de leur état psychologique, de leurs interactions sociales. Plus les usagers sont jeunes, plus la recherche d'adéquation environnementale aux besoins des enfants est importante dans les propositions que les adultes peuvent faire.

Recherches sur l'aménagement de l'espace de jeu

De l'intérêt des « coins » de jeu

Les premières recherches anglo-saxonnes, avec des enfants de 4 à 6 ans, avaient déjà montré que les zones de jeu délimitées par des meubles ou des cloisons sont très attractives, favorisent une activité plus posée des enfants et les jeux coopératifs. À l'inverse, les espaces ouverts incitent aux mouvements, aux jeux actifs, et provoquent un peu plus de conflits. Les recherches d'A. Legendre en crèche ont montré les mêmes résultats pour les enfants de 2-3 ans observés en jeux libres.

Quel est l'intérêt des « coins de jeu » en regard de l'adéquation environnementale aux besoins des jeunes enfants ?

- Permettre aux enfants accueillis en collectivité d'être plus au calme, moins sollicités par les stimulations ambiantes et moins interrompus dans leurs jeux ;

- Faciliter la communication avec les autres enfants grâce à la proximité physique et au nombre de partenaires restreint, à un âge où les enfants utilisent une communication de proximité principalement préverbale (gestes, mimiques) et ne peuvent avoir d'interaction suivie qu'avec un ou deux partenaires à la fois ;

- Faciliter des activités durables par la mise à disposition dans le même lieu de matériels de jeu nombreux et combinables, le coin le plus plébiscité dans toutes les salles de jeu étant la dînette.

Réflexions pour les professionnels : si une zone de jeu devient trop attractive, ne pas en déduire qu'il faut en limiter l'accès, mais réfléchir à en augmenter la surface, à la dédoubler – il n'est pas interdit de mettre deux coins dînette dans une pièce –, à en créer d'autres en rassemblant des jeux combinables dans une même zone – par exemple, des animaux, des camions et du matériel de construction.

Les coins de jeu deviennent intéressants dès l'âge de 18 mois environ, lorsque les jeux se diversifient et que les interactions entre enfants commencent à se développer.

De l'importance de la hauteur des meubles

C'est en voulant réaménager un coin dînette un peu trop étendu qu'A. Legendre a fait une découverte cruciale. Il s'était servi pour le fermer d'un meuble présent dans la pièce, d'environ un mètre vingt de hauteur, et pensait observer une plus grande fréquentation des enfants. Surprise ! C'est l'inverse qui s'est produit : les enfants ont presque tous déserté le coin et emmené les éléments de dînette de l'autre côté du meuble, là où se tenaient les adultes. C'est ainsi qu'il a mis au jour l'effet d'un paramètre important pour les enfants : l'accès visuel à l'ensemble de la pièce, et surtout l'accès visuel aux adultes. Tout meuble qui dépasse le visage des enfants (soixante, soixante-dix centimètres, selon l'âge) est une barrière visuelle équivalente à des cloisons de un mètre soixante ou plus pour des adultes. Afin de confirmer cette découverte, Alain Legendre et moi-même avons filmé les jeux libres dans quatre crèches en modifiant la place des meubles pour moduler l'accès visuel des enfants et en observer les effets. Quand l'accès visuel à l'ensemble de la pièce est restreint, les déplacements des enfants sont plus nombreux, l'espace d'où l'on ne voit pas les adultes est moins utilisé, et les enfants jouent soit proches des adultes soit à deux ou trois mètres d'eux. De ce fait, la densité des enfants augmente sur des espaces où les matériels de jeu ne sont pas forcément abondants. Les activités autocentrées (sucer son pouce, errer…) et les jeux individuels augmentent, les interactions amicales diminuent et les conflits augmentent. Les adultes sont plus sollicités, mais ne peuvent pas répondre à toutes les demandes. Ces études montrent de plus que les enfants sont affectés différemment par les modifications de l'accès visuel aux adultes : les plus fragiles sur le plan relationnel – les plus jeunes, les plus isolés – sont les plus affectés et ne fréquentent jamais les espaces d'où l'on ne voit pas l'adulte, donc ne profitent pas des jeux qui y sont proposés. Les plus sociables, ceux qui ont des « copains » privilégiés, fréquentent les espaces d'où l'on ne voit pas les adultes, la sécurité affective avec d'autres enfants compensant la sécurité affective apportée par la vue de l'adulte. Eux profitent de tout l'espace et de tous les jouets…

De l'importance du positionnement des adultes

La place et la visibilité des adultes sont un régulateur puissant de la répartition des enfants dans l'espace et des interactions qu'ils pourront développer[17]. Les adultes sont comme des

17. Fontaine A.-M., « Espaces : les adultes proposent, les enfants disposent », *Le journal des professionnels de l'enfance*, 3, 53-54, 2000.

« phares ». Un phare est ce qui éclaire et sécurise une zone. Les enfants jouent principalement dans les endroits « éclairés » par la présence des adultes. Si les adultes sont regroupés, la majorité des enfants va jouer dans un espace restreint autour d'eux, la densité va y augmenter, la quantité de jouets va être insuffisante à cet endroit, les conflits vont augmenter… Les adultes doivent se répartir dans l'ensemble de la pièce (ou du jardin) pour que les enfants le fassent aussi, profitent ainsi de tous les jouets et aient moins de conflits. Lorsque certains éléments architecturaux (angle mort, poteau, mur…) ou meubles (étagères, structure motrice…) créent des barrières visuelles pour les enfants, les adultes doivent se placer de telle sorte que tous les espaces de la pièce soient « éclairés » par eux. Lorsqu'un adulte est seul avec un groupe d'enfants, il doit penser à occuper une position la plus centrale possible pour être bien visible et « éclairer » les jouets disponibles. Les enfants sont même sensibles au sens du regard de l'adulte : les jouets situés dans son dos sont moins intéressants que ceux « éclairés » par son regard, devant lui.

Quel est l'intérêt de l'accès visuel aux adultes en regard de l'adéquation environnementale aux besoins des jeunes enfants ?

Il permet de répondre à un besoin de sécurité affective fondamental : voir l'ensemble de la pièce, et surtout avoir les adultes dans le champ visuel, renvoi au besoin fondamental d'attachement à une base de sécurité affective pour les jeunes enfants. Le besoin de proximité physique n'est pas aussi fort à 2-3 ans que dans les deux premières années, mais le lien visuel de sécurité avec les adultes est encore très important, surtout pour certains enfants.

Il permet aussi une exploration tranquille de toute la pièce, y compris pour les enfants plus fragiles émotionnellement. Attachement et exploration sont deux besoins liés : voir les adultes, même de loin, permet aux enfants de jouer tranquillement et de profiter de tout l'espace de jeu, ne pas avoir d'adulte dans le champ visuel oblige souvent les enfants à se déplacer, à transporter les jouets, voire à arrêter leur jeu. Une salle de jeu pourtant bien garnie en propositions de jeu pourra être peu utilisée si la présence et le regard des adultes ne « l'éclairent pas » partout.

Réflexions pour les professionnels : chaque fois qu'un coin de jeu en principe intéressant, avec du matériel varié, n'est pas bien fréquenté par les enfants, il faut s'y positionner à la hauteur d'un enfant et se demander s'il offre une bonne visibilité sur la pièce et sur l'endroit où se tiennent souvent les adultes. Il suffit parfois de changer l'orientation d'un meuble collé au mur – et qui oblige les enfants à jouer en tournant le dos à la salle – en le mettant perpendiculaire au mur, ou de délimiter le coin par des meubles plus bas pour que sa fréquentation augmente aussitôt !

Être un adulte visible ne veut pas forcément dire jouer avec les enfants. Être un « phare » tranquille et bienveillant suffit à assurer la sécurité affective des enfants qui va leur permettre d'aller partout et de développer des interactions variées et positives entre eux. Cela en fera aussi un recours rapide en cas de conflit.

De la quantité de matériels de jeu

Des chercheurs ont comparé les jeux libres d'un groupe d'enfants qui disposait d'un lot de jeux (toboggan, dînette, matériel de dessin, livres, etc.) ou de deux lots. Quand la quantité d'équipements est doublée, le groupe se scinde en petits sous-groupes, il y a moins de contacts, moins d'échanges, mais aussi moins de conflits. Les jeux sont utilisés de façon différente par les enfants quand le choix est vaste : certains sont toujours choisis, même en deux exemplaires (les jeux moteurs), d'autres sont plus délaissés (les livres, les constructions…).

Lorsque les jeux sont en quantité réduite par rapport au nombre d'enfants, ceux-ci jouent moins, se replient vers les adultes et les conflits augmentent.

La quantité de matériels de jeu agit donc sur l'activité des enfants, sur leur répartition dans l'espace, sur les conflits entre eux et sur leurs interactions avec les adultes.

Quel est l'intérêt de proposer des matériels de jeu variés et nombreux en regard de l'adéquation environnementale aux besoins des jeunes enfants ?

Ils permettent des explorations variées : les enfants, surtout dans la deuxième année, sont des explorateurs, des chercheurs, qui découvrent pour la première fois les propriétés des objets (les sons, les textures…), les rapports de leurs corps et des objets dans l'espace (les rapports de contenant-contenu, la gravité, l'équilibre, les distances, etc.), les effets de leurs actions qu'ils recommencent inlassablement pour comprendre… Ils ont besoin de combiner les objets entre eux.

Ils permettent de changer plusieurs fois de jeu : les enfants ont des capacités d'attention encore limitées et ne restent pas très longtemps sur le même jeu, d'où l'importance d'avoir un choix de matériels de jeu assez grand, pour que chaque enfant puisse changer de jeux plusieurs fois, sans devoir s'accaparer celui des autres pour trouver quelque chose à faire, ce qui est source de conflits…

Des jouets identiques en plusieurs exemplaires

Les recherches de Jacqueline Nadel ont mis en lumière l'importance du besoin d'imitation réciproque entre jeunes enfants dans la deuxième et la troisième année, lorsque la communication entre eux est principalement non verbale. Courir ou taper des pieds ensemble, prendre des objets semblables et faire les mêmes gestes en même temps constituent la première base d'interactions durables et chargées d'émotions positives. Imiter l'autre permet d'être soi et d'être l'autre à la fois, donc de s'identifier à l'autre à un âge où conscience de soi et conscience de l'autre ne sont pas encore bien différenciées. Cette phase du « tout pareil » sera suivie, vers 2 ans et demi, 3 ans, d'une phase de différenciation, avec des jeux qui deviennent complémentaires, chaque enfant pouvant y participer et tenir un rôle différent : « je vais au marché et toi tu prépares le repas… » J. Nadel a montré que si l'on propose des matériels de jeu en plusieurs exemplaires[18] identiques, les conflits diminuent fortement, la durée de jeu et les interactions positives augmentent. Même avec des jouets qui pourraient être utilisés de la même façon (un parapluie/une canne, une poupée/un nounours, un sac/un panier, etc.), les enfants n'arrivent pas à s'imiter. Il leur faut le même support pour être en symbiose avec l'autre.

Quel est l'intérêt des jouets identiques en regard de l'adéquation environnementale aux besoins des jeunes enfants ?

Ils permettent que le besoin impérieux d'identification à l'autre qui caractérise la période 15-30 mois puisse s'exprimer de façon positive par des imitations réciproques entre enfants. Les jouets identiques sont essentiels pour permettre le développement des premières interactions positives entre enfants.

Ils permettent de diminuer les conflits : si les enfants ne peuvent pas s'imiter parce que les jouets sont en un seul exemplaire – ou ne sont pas exactement semblables –, le besoin d'identification

18. Nadel J., *Imiter pour grandir*, Paris, Dunod, 199, 2011.

à l'action de l'autre va les conduire à prendre les objets tenus par les autres et donc créer des conflits.

Imitation et conflits autour des objets sont les deux formes que prend l'identification à l'autre dans les trois premières années. Il faut donc donner aux enfants les moyens de s'imiter si l'on veut diminuer les conflits et les aider à avoir des interactions positives et durables.

Les différents types de matériels de jeu

J'ai filmé les mêmes groupes d'enfants (18-24 mois et 30-36 mois) en jeux libres, pour comparer leurs réactions à trois types de matériels de jeu très différenciés (tous proposés en quantité importante, avec de nombreux exemplaires semblables) :

- des jouets de manipulation (puzzles, constructions, encastrements, etc.) ;

- des jouets moteurs (ballons, vélos, structures motrices, etc.) ;

- des jouets de faire-semblant (dînette, poupées, ferme, déguisements, etc.).

Quel est l'effet de ces différentes propositions de jeu sur les interactions positives entre enfants ?[19] Contrairement à ce que pensent la plupart des professionnels quand on leur demande de faire des pronostics sur les résultats de la recherche, ce ne sont pas les jeux incitant au faire-semblant qui arrivent en tête, ni les jeux de manipulation, mais les jeux moteurs.

À l'inverse des jeux de manipulation qui favorisent surtout le jeu individuel ou parallèle (à côté d'un autre enfant, mais sans

19. Fontaine A.-M., « Écologie développementale des premières interactions entre pairs : effet des matériels de jeu », *Enfance*, 2, 137-154, 2005.

interaction avec lui), les jeux moteurs incitent les enfants à se regarder (les mouvements les rendent plus visibles) et à s'imiter. Les jeux incitant au faire-semblant ont des effets qui les placent entre les deux autres types de jeu : ils incitent autant au jeu individuel qu'aux interactions et suscitent davantage que les autres des interactions avec les adultes. Le taux de conflits est faible et identique dans les trois types de jeu. L'effet positif des jeux moteurs, déjà sensible entre 18 et 24 mois, est très net entre 30 et 36 mois.

Les jeux moteurs s'avèrent être les meilleurs supports des échanges amicaux entre enfants sans entraîner plus de conflits que les autres matériels de jeu, à condition de permettre aux enfants d'être à plusieurs (toboggan) ou d'avoir le même modèle d'engin roulant que les autres.

Réflexions pour les professionnels

- Quantité de jouets : ne pas enlever des jeux parce qu'il y a « le bazar » chez les moyens, le taux de conflits monterait à coup sûr ! Le bazar est développemental... Mieux vaut offrir aux enfants des explorations et des combinaisons d'actions variées, et faire ensuite une activité « rangement » avec eux.

- Jeux en plusieurs exemplaires : les commandes de jouets doivent privilégier les couleurs identiques. On peut aussi acheter des matériels peu chers, comme des lots de petites bassines ou de cuvettes. Combinées avec des balles ou des objets à y mettre dedans, elles satisferont les besoins inlassables de tester le contenant-contenu. On peut aussi sélectionner des matériaux de récupération de bonne qualité (petites bouteilles de lait, boites diverses, seaux de fromage blanc, sacs, chapeaux, etc.) qui permettront d'avoir à peu de frais beaucoup d'exemplaires identiques. Les enfants entre 12 et 24 mois ont particulièrement besoin d'avoir beaucoup de matériels « bons à tout faire » semblables.

- Types de jeux : même avec peu place, il est important de ne pas privilégier les jeux de manipulation au détriment des jeux moteurs qui servent autant les premières interactions que les besoins en motricité.

Comment rééquilibrer les moments difficiles ?

Lorsque l'on questionne les professionnels des accueils collectifs sur les moments qu'ils trouvent les plus calmes, les plus agréables avec les enfants, ils répondent : les ateliers. Les enfants sont en petits groupes, avec un adulte et du matériel précis en quantité suffisante. Tous les paramètres du système « adultes, enfants, espace de jeu » sont au vert : petit nombre d'enfants, adultes très proches et disponibles, matériel identique pour chacun. Résultats : intérêt, interactions positives avec l'adulte et entre enfants, pas ou peu de conflits.

Si on interroge à l'inverse sur les moments difficiles : les professionnels évoquent les moments entre les ateliers et le repas, entre la fin du repas et la sieste, entre la fin de la sieste et le goûter, donc tous les moments de transition, ou le soir quand un adulte reste seul pour gérer l'arrivée des parents. Tous les paramètres du système sont alors au rouge : diminution, voire absence d'adultes disponibles – trop occupés par des tâches matérielles ou par l'accueil des parents –, enfants en grand groupe, matériel parfois réduit en raison du rangement. Résultats : les enfants courent partout, ou pleurent, les adultes se fâchent…

Quand l'excitation, les pleurs et les conflits augmentent chez les enfants, quand les adultes répètent inutilement les mêmes interdits, il est temps de rééquilibrer le système « enfants-adultesespace de jeux » en se posant des questions sur les trois paramètres !

- Combien y a-t-il d'adultes disponibles ? Sont-ils bien répartis dans la pièce pour « éclairer » les jeux ? Si un adulte est seul, est-il bien visible dans une zone riche en jeux ?

- Peut-on faire en sorte que les enfants soient en plus petits groupes ?

- Les enfants ont-ils une activité intéressante à faire ? Écouter une histoire, chanter ensemble, ou jouer dans plusieurs coins intéressants ?

Quand on prévoit qu'un paramètre du système va être modifié (les enfants vont se retrouver tous ensemble, ou bien certains adultes seront occupés à diverses tâches), il faut anticiper et compenser dans les deux autres. Il y a un jeu d'équilibre permanent entre les ressources humaines et les ressources en matériel :

- enfants tous regroupés et plusieurs adultes : sortir du matériel intéressant et bien se répartir dans la pièce pour que le groupe utilise toutes les ressources ;

- adultes occupés (changes, préparation des repas ou de la sieste) : laisser un adulte « phare » en position centrale, sortir du matériel nouveau et intéressant (quantité, variété, exemplaires multiples), ou proposer une activité de groupe fédératrice (support d'imitations, en général), prévoir éventuellement un autre matériel en réserve pour renouveler l'intérêt des enfants si la situation dure un long moment, organiser si possible des sous-groupes d'enfants.

L'aménagement de l'espace et les propositions de jouets sont des outils professionnels puissants de régulation des activités et des communications au sein d'un groupe d'enfants. Observer en équipe les situations difficiles de la journée, en se mettant du point de vue des enfants, et en réfléchissant aux différents rééquilibrages qui leur seront bénéfiques, permet toujours d'améliorer la situation [20].

20. Nadel J., Baudonnière P.-M., « L'imitation comme mode d'échange prépondérant entre pairs au début de la 3e année », *Enfance*, 1, 77-90, 1980.

Chapitre IV

Le jeu et le soin

Gilles Brougère

La tension entre soin (ou garde) et éducation conduit à penser comme distinct ce qui est en réalité profondément articulé. En se basant sur les relations entre jeu et *care*, il est possible d'analyser différemment la question de l'apprentissage, puis celle des relations entre dépendance et autonomie.

Le jeu et la question du care

Une vision réduite de la notion de *care* – qui signifie de façon indissociable « soin » et « sollicitude » ou « attention portée à l'autre »[21] –, conduit à l'associer à la dimension du soin au sens restrictif du terme (nourrir, dormir, changer…), dimension importante et nécessaire, mais peu valorisée de l'accueil des jeunes enfants. Pour Joan Tronto, il s'agit plus largement de « tout ce que nous faisons pour maintenir, perpétuer et réparer notre "monde", de sorte que nous puissions y vivre aussi bien que possible »[22]. Bien que la même auteure exclut de la sphère du *care* le fait de jouer[23], elle y intègre la sollicitude à l'égard des enfants qui n'est pas seulement réservée à la mère. Je voudrais mettre en valeur ici combien le jeu peut être considéré comme une activité centrale dans une perspective du *care* qui met au centre sollicitude et attention portée à l'enfant, sa prise en charge du fait

21. Tronto J., *Un monde vulnérable. Pour une politique du care*, Paris, La Découverte, 2009.
22. *Ibid.*, p. 143.
23. *Cf. ibid.*, p. 145.

de sa relative dépendance, et qui déborde la question stricte des soins.

Le jeu est ici entendu[24] comme une activité de second degré – « pour de faux » comme disent fort bien les enfants – qui se distingue des activités du quotidien tout en y étant souvent étroitement associée (en particulier pour les plus jeunes enfants), et qui offre un espace de décision à l'enfant aussi jeune soit-il, d'initiative qu'il faut bien comprendre et donc sur laquelle nous reviendrons. Il en résulte une activité qui se déploie sous forme de règles, de scénarios ou de routines, qui affiche sa frivolité – les conséquences n'étant pas cherchées ou étant au contraire minimisées, et incertaines (la fin n'est pas connue d'avance, y compris sous la forme triviale de l'arrêt du jeu faute d'intérêt). Ce qui caractérise le jeu, c'est de générer une expérience spécifique maîtrisée par le joueur (qui a toujours la possibilité d'arrêter l'expérience), centrée sur soi, impliquant en général du plaisir, n'ayant d'autre raison qu'elle-même.

Cette expérience ludique est une source essentielle de bien-être, de plaisir solitaire ou partagé avec d'autres (adultes ou enfants). Elle peut donc être considérée comme centrale dans la vie d'un jeune enfant avant que d'autres activités ne viennent offrir une palette plus large dans un cadre souvent plus contraint. Nous avons tendance sans doute à dénommer « jeu » l'ensemble des activités auxquelles le très jeune enfant se livre de lui-même, lors même qu'il doit composer avec d'autres logiques, comme celles de l'exploration ou de la découverte de soi et de l'environnement. Des auteurs ont pu souligner la distinction profonde entre exploration et jeu, d'autres mettent en évidence l'aspect indissociable des deux. Le jeu permet d'explorer – pour jouer, on doit d'abord chercher ce que peut faire l'objet – et nombre

24. Brougère G., *Jouer/Apprendre*, Paris, Economica, 2005.

d'explorations sont également des jeux, ce qui conduit à parler d'« exploration ludique ». Il est sans doute absurde de vouloir distinguer deux comportements aussi fortement intriqués. On peut donc distinguer le jeu des activités physiologiques liées à la nécessité biologique comme dormir, se nourrir ou être lavé. Mais là encore, si ces activités ne sont pas des jeux et s'y opposent – si l'on se réfère aux caractéristiques énoncées ci-dessus (activité de premier degré, liée à des contraintes physiologiques, en rien frivoles au vu des conséquences) –, elles s'accompagnent souvent de jeu, et sont l'occasion de greffer des jeux à l'initiative de l'enfant (parfois réprimés, car « on ne joue pas avec la nourriture ») ou à celle des adultes qui font souvent des moments de soin des temps de jeu intime, enrichissant la relation avec l'enfant de valeurs qui ne se limitent pas aux soins physiques.

Faute de concurrence avec d'autres activités, le jeu apparaît bien comme une activité centrale dans la partie éveillée de la vie du jeune enfant. On peut voir les relations du jeu au *care* de plusieurs façons : en ce qu'il produit du bien-être, qu'il permet des relations entre enfants et avec les adultes, parce qu'il accompagne les activités de soin *stricto sensu* pour leur donner du sens et en faire des moments de contact et de plaisir. On peut aussi être attentif à un élément peu souligné qui met le jeu en relation avec la dépendance de l'enfant en ce qu'il le conduit à faire semblant, faute de pouvoir faire.

Mais c'est sur la question de l'attention et de la sollicitude que je voudrais mettre l'accent. En effet, le jeu, loin d'être un comportement inné, est le résultat d'un apprentissage, celui du second degré, du faire-semblant que des jeux entre adulte et enfant rendent possible. Il suffit de regarder les jeux de disparition de type « coucou » pour voir comment l'enfant devient progressivement un acteur du jeu en maîtrisant la disparition fictive. Cela implique que l'enfant soit introduit au jeu, et que le premier rôle de l'adulte soit de permettre cette introduction, de rendre possible la maîtrise du second degré sans lequel le jeu n'est pas possible. Dire qu'un enfant ne sait pas jouer, c'est mettre en évidence qu'il prend les actions proposées au premier degré, rendant le jeu impossible.

L'attention de l'adulte doit donc être d'abord tournée vers l'apprentissage du jeu social, du jeu avec autrui qui suppose la maîtrise de la métacommunication[25], des signes qui disent que « ceci est jeu ». Cela passe par la capacité de comprendre les signes de ludicité avant d'émettre des signes du même type. Il faut donc aider l'enfant à maîtriser cette compétence ludique ou capacité de jouer, ce qui ne peut se faire qu'en jouant avec lui. Un adulte qui témoigne du souci de l'enfant introduit celui-ci au jeu ou s'assure qu'il y a bien été introduit.

Une autre dimension est l'observation attentive du jeu pour mieux connaître l'enfant, mais aussi soutenir son action ludique en intervenant sur l'environnement (pour permettre et enrichir le jeu) ou en devenant partenaire de l'enfant (à l'initiative de celui-ci ou à partir du constat qu'il s'agit de stimuler l'activité ludique) ou encore en rendant possible le jeu entre enfants, en le soutenant. L'adulte attentionné joue des rôles différents. Il organise l'environnement, la situation, pour rendre le jeu possible, plus riche, mais aussi à l'occasion devient le partenaire de jeu, une dimension du jeu se développant dans la relation adulte/enfant et non seulement dans l'entre enfants. Ce souci conduit à penser les relations entre activités de soin et activités ludiques de façon à en faire plus que des moments nécessaires, des moments d'enrichissement des relations adultes/enfants.

25. Bateson G., « Une théorie du jeu et du fantasme », *in Vers une écologie de l'esprit*, Paris, Seuil, 1977.

Il est difficile de définir, au-delà du bien-être, de la qualité de l'expérience présente, une finalité du jeu qui risque de tomber dans un finalisme simpliste. Le jeu n'a sans doute pas de raison d'être au-delà de permettre d'agir dans un temps où aucune contrainte ne vient légitimer telle ou telle activité[26]. Il faut donc accepter que le jeu soit avant tout ce qui permet de proposer un temps agréable à l'enfant. C'est en cela qu'il témoigne du *care*, de la sollicitude de l'adulte. Il s'agit de permettre cette expérience ludique lors même que la situation de dépendance de l'enfant peut rendre parfois son accès difficile.

Il n'est pas utile de donner d'autres finalités au jeu, il s'inscrit dans une logique qui met le bien-être de l'enfant au centre de l'objectif d'une structure d'accueil. Mais alors s'agit-il de faire disparaître toute finalité éducative ?

Poser autrement la question de l'éducation et de l'apprentissage

L'éducation est présente depuis le début de notre propos. N'avons-nous pas évoqué la nécessité d'apprendre à l'enfant à jouer, et peut-être au-delà à se sentir bien, à être heureux ? Faut-il d'autres objectifs ? On l'aura compris, notre conception refuse de définir des objectifs d'éducation formelle, de mise en place de dispositifs éducatifs explicites avec l'idée que les structures d'accueil des moins de 3 ans ont sans doute leur spécificité et leur légitimité dans une autre logique, et se distinguent nettement des structures qui affichent l'éducation comme objectif premier. Il s'agit de considérer l'ensemble de la tranche d'âge sans distinguer les plus âgés, ce qui permet de rendre possible une stratégie de mélange des âges, si on le souhaite.

26. Brougère G., *Op. cit.*

Le jeu – et plus largement l'espace qui permet à l'enfant d'agir seul ou en relation avec les autres (enfants et adultes), de participer à différentes tâches de la vie quotidienne – suffit à définir les objectifs de la structure d'accueil du jeune enfant. Il s'agit d'un espace de vie collective, produisant un quotidien spécifique (différent du quotidien familial) qui assure à chacun la possibilité de rencontrer les autres, de se découvrir et de découvrir l'environnement à travers les activités du quotidien, l'exploration et le jeu.

Mais ce faisant, l'apprentissage est bien là, non comme le résultat d'un dispositif éducatif, mais comme le coproduit [27] d'activités du quotidien [28]. Il s'agit d'un apprentissage dit « informel » ou plus justement « en situation informelle », c'est-à-dire sans dispositif éducatif explicite. On peut parler d'éducation informelle dans la mesure où l'intention éducative est bien présente chez les adultes, mais sans utiliser des dispositifs autres que ceux qu'on trouve dans les logiques de l'apprentissage informel.

Quels sont les mécanismes qui permettent de produire de tels apprentissages ? Il s'agit d'abord d'une participation à une communauté, celle que produit la structure d'accueil. On en devient membre, on apprend ce qui fait la logique de ce groupe, avec l'idée que l'apprentissage n'est pas le propre de l'enfant, mais qu'il est également présent chez les adultes qui apprennent des enfants et des parents pour autant que ceux-ci aient la possibilité de participer. On observe, on imite, on fait seul et avec les autres. Cette participation est souvent guidée, par les adultes et par les enfants plus expérimentés, ce qui permet de maîtriser l'inconnu. Le jeu est une activité qui permet de participer, d'échanger avec les autres enfants, mais aussi avec les adultes. Que l'enfant soit guidé dans son jeu – par un enfant plus expert ou plus âgé, ou

27. Pain A., *Éducation informelle. Les effets formateurs dans le quotidien*, Paris, L'Harmattan, 1990.
28. Brougère G., Ulmann A.-L. (dir.), *Apprendre de la vie quotidienne*, Paris, PUF, 2009.

par un adulte – est conforme aux modalités d'apprentissage qui conduisent à soutenir l'enfant, le novice dans son entrée dans une activité, dans un groupe.

Une autre dimension, qui constitue un pilier de l'apprentissage dans ces contextes informels, est celle de l'exploration : l'enfant explore, par son jeu, par des activités qui ne sont peut-être pas ludiques tant il est difficile de mettre une frontière entre deux types de comportements dont nous avons vu qu'ils interfèrent fortement. Cette exploration peut se faire au hasard, livrée aux logiques de l'enfant. Elle peut, comme la participation, être guidée par plus expert que soi, enfant ou adulte.

On perçoit le rôle de l'adulte comme éducateur informel, c'est-à-dire qui ne met en place aucun dispositif éducatif spécifique, assurant un rôle de guide de l'enfant pour soutenir sa participation au groupe, pour orienter ses découvertes. Cela implique d'être attentif à ce qu'il fait, à la logique de son activité pour la soutenir et l'enrichir, sans faire à sa place, ni proposer quelque chose qui n'a pas de sens pour lui, ou éviter des propositions qui ne sont pas appropriées par l'enfant.

Ce qui est vrai de l'ensemble des activités l'est du jeu, qui peut être guidé soit à partir d'une posture de partenaire de jeu, soit à partir d'une posture extérieure au jeu dans laquelle le professionnel n'est alors pas impliqué. Au jeu dirigé – qui peut très vite prendre l'aspect d'un exercice (pré)scolaire – on peut préférer l'idée d'un jeu guidé qui renvoie à la logique du jeu où l'enfant est initié et aidé par plus compétent. Beaucoup de jeux sont guidés, au moins à un moment de leur cours. Guider le jeu peut apparaître comme l'activité essentielle des professionnels, mais sans tomber dans un « panludisme », en situant le jeu parmi de multiples activités qui vont être apprises, appropriées à travers le guidage de l'adulte comme manger ou explorer l'espace par exemple.

Le guidage est une façon de faire qui accompagne l'action de l'enfant sans la contraindre, l'enfant restant maître de suivre ou pas, de choisir autre chose. On lui permet d'accéder aux différentes activités proposées, de participer à la diversité des rôles offerts par la communauté. On peut articuler guidage et *care*, dans la mesure où guider conduit à développer une attitude de souci de celui qui est guidé, d'attention à sa façon de faire, de réagir. Pour guider, il faut être à l'écoute, suivre plus que précéder. Guider est une des modalités du prendre soin d'autrui.

L'autonomie : question de dépendance et d'interdépendance

L'enfant de moins de 3 ans – comme tout individu, mais de façon différente selon son âge et sa situation – est caractérisé par une dépendance, une vulnérabilité qui justifie de prendre soin de lui. Il ne peut être laissé seul, livré à lui-même ou « parqué » quelque part. Il doit être gardé, ce qu'il faut bien reconnaître même si le terme est tombé en désuétude, sa disparition ou plutôt son euphémisation conduisant à oublier que c'est le besoin de garde qui justifie l'accueil, tout au moins l'accueil à plein temps intégrant des moments comme le sommeil. L'enfant est ici défini par une dépendance à laquelle répond le *care*. Mais cette dépendance doit être pensée comme une interdépendance qui caractérise (comme l'a souligné Norbert Elias) la société et plus encore nos sociétés modernes complexes. En effet, on peut souligner que les professionnels dépendent des enfants (sans enfants à garder, pas de travail, ou tout au moins pas celui-ci). Les parents dépendent des professionnels (qui gardent leurs enfants) et ceux-ci des parents qui choisissent (ou non) telle structure. Et n'oublions pas que sans enfants pas de parents ! La dépendance est relative et s'inscrit dans un réseau d'interdépendances. Bien entendu la capacité d'agir (*agency*) de chacun est variable et celle des enfants est plus réduite (en général sinon toujours) que celle des professionnels ou de leurs parents.

Les structures d'accueil ont pour fonction de gérer cette dépendance – en tant que structures qui prennent soin des enfants, de leurs besoins physiologiques et de leur bien-être, dans un cadre d'interdépendance qui fait que la dépendance est partagée –, mais aussi de rendre possible une capacité d'agir de ces enfants. Ou plutôt cela devrait être l'objectif, car on peut penser que des structures ont pu trouver plus de confort à limiter la capacité d'agir des enfants pour simplifier le travail des professionnels. Cette capacité d'agir s'exprime dans la possibilité de développer des activités, celles de la vie quotidienne (quelle capacité d'agir face au sommeil, au repas, au change ?), du jeu ou de l'exploration.

Mais, c'est là qu'il faut aller à l'encontre d'une vision mythique qui, sacralisant l'autonomie de l'enfant, considère que celle-ci serait comme le contraire de la dépendance, et donc en rupture avec l'interdépendance. Il n'y a d'autonomie que socialement produite, c'est-à-dire inscrite dans l'interdépendance. L'autonomie n'est pas le contraire de la dépendance, car nous sommes tous dépendants les uns des autres à divers degrés (de la compagnie d'autobus, du chauffeur, des autres passagers) et notre capacité d'agir s'appuie sur cette interdépendance (je vais pouvoir aller à mon rendez-vous parce qu'il y a un autobus).

C'est sur cette base que l'adulte guide l'enfant pour développer des capacités d'agir dans un cadre social d'action collective avec les adultes ou les autres enfants. C'est ce qu'on peut appeler de l'autonomie sans sacraliser un terme qui risque de désigner une indépendance mythique de l'enfant. Jouer seul n'est pas plus un signe d'autonomie que jouer avec un adulte.

Valoriser la capacité d'agir et d'initiative n'est pas inviter l'enfant à jouer seul, mais à prendre un rôle dans un jeu avec un adulte ou à le lui proposer en lui montrant les possibilités d'exploration et d'usage des objets présents dans son environnement. Derrière l'autonomie se joue la possibilité pour l'enfant de s'engager dans la participation aux activités de la structure, au jeu, à l'exploration. Mais cet engagement suppose que l'on offre à l'enfant la possibilité de s'engager, ce que Sephen Billett[29] appelle dans le cadre du travail adulte des *affordances*, des occasions effectives de participer à la vie de la structure.

Autonomie et engagement se développent dans un cadre social et matériel qui suppose que cela résulte d'une activité sociale guidée, soutenue par les autres, limitée par l'interdépendance et la vulnérabilité toujours présente chez les enfants comme chez les adultes, et les conditions environnementales, organisationnelles et matérielles qui offrent des possibilités de s'engager, de prendre des initiatives, y compris, et surtout, dans le cadre des interactions avec les autres enfants et les adultes.

Le jeu est ici tout autant une activité centrale qu'une activité emblématique qui permet de penser l'ensemble des activités offertes à l'enfant. Il se développe pour lui-même, mais accompagne d'autres activités, l'exploration ou celles liées aux contraintes physiologiques. Il permet de comprendre comment la capacité d'agir de l'enfant, son initiative, sont essentielles au développement d'une autonomie sociale ainsi qu'à la production du bien-être, mais s'appuie sur un cadre social et la présence des autres, à travers ce qu'ils offrent – guidage, soutien, accompagnement, peu importe le nom – pour que l'enfant s'engage dans de telles situations. Le *care* est à saisir comme sollicitude, prise en charge nécessaire, mais qui a vocation à s'autolimiter pour rendre possible un espace d'initiative. Cette initiative n'a de sens que si elle porte sur l'ensemble de la pratique partagée au sein de la structure, si les adultes acceptent l'interdépendance, donc

29. Billett S., « Les pratiques participatives sur le lieu de travail : apprentissage et remaniement de pratiques culturelles », *Pratiques de Formation – Analyses*, 54, 149-164, 2008.

d'être également dépendants des enfants, de ne pas exercer un pouvoir, une domination à sens unique. Certes, la situation n'est pas symétrique, d'où la difficulté à trouver l'équilibre entre prise en charge et autonomie. Aller vers l'autonomie, c'est aller vers la symétrie, construire des espaces (dont celui du jeu) où la symétrie s'expérimente. Il ne doit pas alors être pensé comme un espace déserté par les adultes, mais un lieu de partage possible, de participation entre enfants et adultes. Le jeu n'est pas à cet âge l'affaire du seul enfant, si tant est qu'il ne le soit jamais, mais un espace de rencontre entre enfants et adultes pour le bien-être de tous.

Chapitre V

Parents-professionnels : des partenaires d'éducation

Laurence Rameau

L'histoire des relations entre les parents et les professionnels des crèches n'est pas vraiment une histoire d'amour. Dès la fin du XIXe siècle et l'ouverture des premières crèches par la volonté de la charité chrétienne des catholiques sociaux, l'objectif fut de faire de cette institution un lieu d'éducation des enfants et aussi des mères.

Où en est-on aujourd'hui ? Comment accorder aux parents cette place centrale si difficile à obtenir et en faire de véritables partenaires, loin des dogmes derrière lesquels les professionnels semblent protéger leurs acquis ?

Jean-Baptiste Firmin Marbeau écrivait en 1886 des *instructions pour les mères*[30] dans son manuel de la crèche où il leur est demandé de bien écouter les conseils données à la crèche et de poursuivre ses bonnes pratiques à la maison afin de ne pas tout gâcher. Les mères étaient largement incitées, voire obligées de venir allaiter leur enfant, répondant ainsi au plus près à la devise d'Adolphe Pinard, le père de la puériculture : « le lait de la mère appartient à l'enfant[31] » Il s'agissait alors de donner une bonne image de la crèche en opposition totale avec celle de la nourrice

30. Marbeau Firmin J.-B., *Manuel de la crèche*, au siège de la société des crèches à Paris, archives nationales, 42, 1886.
31. Pinard A., *De la puériculture*, Lyon, Imprimeries réunies, 1908.

et surtout de l'industrie nourricière organisée par les bureaux des nourrices, employant des recommanderesses et des meneurs chargés d'emmener les nourrissons à la campagne d'où ils revenaient rarement. Ce qui fut appelé « le massacre des nourrissons[32] » était particulièrement vrai pour les enfants abandonnés, les enfants de filles-mères et ceux des pauvres ouvrières. Les bourgeois faisaient plutôt venir la nourrice sur lieu. Elle abandonnait alors son propre enfant qui risquait aussi fortement de mourir faute de son lait. Les garderies et maisons de sevrage qui existaient aussi étaient accusées les premières d'accumuler le plus d'enfants possible sans s'en préoccuper, les droguant la plupart du temps pour qu'ils se taisent, par appât du gain, et pour les seconds d'éloigner la mère et donc son lait.

Il était une fois la crèche…

La crèche se voulait donc un modèle d'éducation où la mère était centrale, venait régulièrement nourrir son enfant et apprendre les bonnes manières de l'élever. La crèche était aussi ouverte aux dames de la bourgeoisie appelées à venir la visiter, afin d'attirer leurs dons, seules ressources de cette œuvre charitable. Les berceuses devaient faire preuve d'amour des enfants, de douceur, de patience et de propreté. Il fallait qu'elles soient en bonne santé, aient une conduite irréprochable, « assez d'intelligence et d'activités pour bien faire le service[33] ». Les berceuses étaient en fait des mères qui, de préférence, avaient allaité leurs enfants. Une berceuse pour dix enfants était la norme recommandée. Les berceuses devaient obéir à la directrice et la respecter. « Il ne suffit pas de bien choisir les berceuses, il faut les bien dresser au service, les bien diriger, les surveiller sans cesse, et faire en

32. Jorland G., *Une société à soigner : hygiène et salubrité publique en France au XIXe siècle*, Paris, Gallimard, 2010.
33. Marbeau Firmin J.-B., *Op. cit.*, 30.

sorte qu'elles aiment leur crèche[34]. » La directrice est une surveillante qui doit aussi intervenir auprès des enfants. Elle veille à ce que tout soit en ordre et qu'il ne se passe rien de contraire à la religion, aux bonnes mœurs et au règlement. « C'est elle surtout qui le plus souvent donne aux mères ignorantes des conseils et des consolations[35]. » Finalement, les conflits entre les mères et les berceuses sont fréquents et la directrice a parfois du mal à se faire respecter. J.-B. Firmin Marbeau conseille alors de recruter une sœur de charité qui aime les petits enfants. La crèche a ainsi un aspect de sainteté qui en impose aux mères et aux berceuses, et permet d'œuvrer au mieux pour l'amélioration morale des familles laborieuses.

Malheureusement, les enfants mourraient aussi à la crèche qui devait fréquemment fermer à cause des maladies contagieuses. Elle n'était donc pas aussi fiable et idyllique que le pensait l'utopiste J.-B. Firmin Marbeau. Sauf à devenir une véritable forteresse empêchant les microbes de parvenir jusqu'aux enfants. C'est ce qui firent les médecins et les hygiénistes d'après-guerre. Ils modifièrent le fonctionnement de la crèche pour le calquer sur celui de l'hôpital. Dès 1951, l'arrêté du 18 avril mentionne dans son article 9 : « Une salle de réception pour recevoir les enfants accompagnés de leur parent doit être aménagée. Cette salle strictement séparée des autres locaux contient des armoires ou coffres individuels dans lesquels sont placés les vêtements extérieurs et objets personnels des enfants. Les parents ne doivent jamais pénétrer dans les autres locaux de la crèche. »

Des isoloirs individuels peuvent être prévus pour permettre aux femmes de venir allaiter leur bébé. Dans les faits, la mode n'est plus à l'allaitement, mais aux biberons depuis la pasteurisation du lait et la fin des biberons à tube remplacés par des

34. *Cf.*, *Op. cit.*, 31.
35. *Cf.*, *Op. cit.*, 32.

biberons à tétines plus hygiéniques, les berceuses sont appelées « infirmières », elles soignent les enfants, contrôlent leur température, leur poids, leur alimentation, leur sommeil, et utilisent les isoloirs pour séparer les enfants malades des autres. La majorité des enfants de cette époque est éduquée par leur mère, revenue au foyer. Elle doit suivre les préceptes des nouveaux pédiatres et les visites des puéricultrices de la Protection maternelle et infantile (PMI), chargées de faire appliquer au mieux les conseils et directives des médecins. À la crèche, les puéricultrices s'installent à la direction, sous contrôle également de la PMI, et les auxiliaires de puériculture remplacent peu à peu les berceuses. Il n'y a plus de contact entre les parents et les professionnels, l'hygiène servant de prétexte à cette rupture.

Dans les années 1970, c'est la crèche sauvage de la Sorbonne pendant les événements de mai 1968 qui sera le départ d'un renouveau des relations entre les parents et les professionnelles des crèches. De nouveaux fonctionnements voient le jour dans ces crèches, les parents s'organisent pour intervenir auprès des enfants. Elles deviennent les crèches parentales et servent de modèles aux autres. C'est ce que Liane Mozère[36] appelle le « Printemps des crèches ». Mais, c'est seulement en 1983 qu'une circulaire de Georgina Dufoix relative à la participation des parents à la vie quotidienne des crèches incite à l'ouverture des établissements aux parents afin d'assurer une continuité de prise en charge de l'enfant entre le foyer familial et la crèche. Ce qui est demandé alors, c'est d'autoriser les parents à rester un moment avec leur enfant sur le lieu d'accueil à l'arrivée et au départ. Ces temps de transition sont jugés importants pour les enfants et sont des moments privilégiés de dialogue entre les parents et les professionnels des crèches. Finalement, cela va occasionner l'adaptation

36. Mozère L., *Le printemps des crèches, histoire et analyse d'un mouvement*, Paris, L'Harmattan, 1992.

des pratiques hospitalières : les transmissions entre les professionnels et les parents.

Cette circulaire prévoit également la participation des parents à certaines activités de la crèche et leur participation à la vie de l'institution par des conseils de crèche dans lesquels ils sont représentés. Très peu de parents, sauf dans les crèches parentales, participent aujourd'hui aux activités des enfants prévues à la crèche. Très peu de conseils de crèche existent et fonctionnent, bien qu'il soit maintenant tout à fait généralisé que les parents entrent dans tous les locaux de la crèche et prennent leur temps pour accompagner leur enfant et venir le chercher, ce qui est généralement appelé « temps d'accueil familial » du matin et du soir ou « temps de séparation et de retrouvailles ».

À l'heure d'un partenariat parents-professionnels

Entre-temps les crèches sont devenues des établissements d'accueil de jeunes enfants et non plus des lieux de garde, avec une nouvelle mission : « ils apportent leur aide aux parents afin que ceux-ci puissent concilier leur vie professionnelle et leur vie familiale[37]. » Ce qui est clairement demandé à la crèche, c'est de s'adapter au mieux à la demande des familles pour les soutenir dans leur rôle parental tout en leur permettant de poursuivre au mieux leur carrière professionnelle. Ce qui sous-entend l'idée d'ajustement des horaires au plus près des besoins des parents, source parfois de tensions entre les uns et les autres. Le projet de fonctionnement de l'établissement doit de plus prévoir un chapitre sur « la définition de la place des familles et de leur participation à la vie de l'établissement ou du service ». Les équipes doivent donc se prononcer clairement sur la manière dont elles pensent pouvoir accueillir les familles dans les crèches. Généra-

37. Décret du 1er août 2000 relatif aux établissements et services d'accueil des enfants de moins de six ans.

lement, les projets mentionnent que ces dernières sont les bienvenues, que les parents doivent rester les premiers éducateurs de leurs enfants et seront en cela écoutés et suivis. Peu de projets mentionnent des activités communes avec les parents, encore moins l'existence d'un conseil de crèche auquel ils pourraient participer. Les conflits ou désaccords potentiels sont passés sous silence, ils ne sont pas prévus. Il y a un déséquilibre entre des parents très demandeurs de soutien et des professionnels non reconnus ou perdus dans leur professionnalisme, et qui se sentent en danger. Il ne suffit pas d'ouvrir la porte, il faut aussi pouvoir se rencontrer et savoir établir de véritables relations éducatives.

Le décret du 7 juin 2010 apporte une nouvelle pierre à l'aménagement des relations entre les parents et les professionnels. Pour la première fois, depuis J.-B. Firmin Marbeau, la crèche redevient un lieu d'éducation des enfants. En effet, le texte précise que les établissements d'accueil de jeunes enfants ont pour mission de veiller à la santé, la sécurité, au bien-être et au développement des enfants, d'apporter leur aide aux parents pour favoriser la conciliation de leur vie professionnelle et familiale, et « dans le respect de l'autorité parentale, contribuent à leur éducation [38] ». Ainsi, il est reconnu aux professionnels des crèches une action éducative auprès des jeunes enfants, sans pour autant enlever la primauté de celle des parents. C'est un début de volonté de rééquilibrage entre les parents et les professionnels.

Car ce qui domine encore, c'est l'absence de partenariats éducatifs entre les parents et les professionnels des crèches. Ce qui peut aussi être appelé « coéducation » ou « éducation partagée ». Le terme « partenariat » semble plus intéressant dans la mesure où il indique clairement que les deux partis (parents et professionnels) ont à devenir des partenaires dans cette histoire, ont

38. Décret du 7 juin 2010 relatif aux établissements et services d'accueil des enfants de moins de six ans.

à partager des points de vue, des valeurs éducatives, des savoirs qui peuvent s'avérer différents, divergents, contradictoires, mais sont exprimables et tout autant respectables les uns que les autres. Il n'est plus question d'éduquer les mères comme le souhaitait J.-B. Firmin Marbeau. Il n'est pas question d'éduquer les parents à une manière de faire avec les jeunes enfants qui serait celle des professionnels sortant des écoles de formation.

Ce partenariat commence par une prise de conscience par les équipes professionnelles des obstacles et des barrières physiques ou symboliques mises en place pour limiter les interventions des parents. Parfois en toute bonne conscience, et en toute bonne volonté, des pratiques professionnelles font obstruction à la participation des parents, et surtout contredisent la considération des parents comme étant les plus aptes à s'occuper de leur enfant, comme ayant réellement une place auprès de leur enfant dans la crèche.

Il en est ainsi de l'organisation des premières rencontres avec les parents, comme de celle de la période d'adaptation, de celle des temps quotidiens de transmissions entre les parents et les professionnels et de la manière d'interpréter certaines difficultés des enfants comme provenant forcément d'une « mauvaise » éducation parentale. Les difficultés entre les parents et les professionnels sont interprétées par ces derniers comme le reflet d'une inquiétude ou d'une angoisse parentale devant être rassurée quitte à faire intervenir un médiateur, généralement le psychologue.

Finalement, faisons-nous autre chose que considérer ces parents comme des incapables après leur avoir assuré qu'ils sont les premiers éducateurs de leurs enfants ?

Systématiquement, nous les accueillons et leur demandons de répondre à nos questions au sujet de leur enfant : comment mange-t-il ? Comment dort-il ? Comment se comporte-t-il ? Cet interrogatoire qui doit nous permettre de mieux connaître l'enfant et nous donner les moyens de le prendre en charge est surtout un message envoyé aux parents dans lequel nous leur signifions ce dont nous avons besoin de savoir en tant que professionnels. Ainsi, il ne peut y avoir de partenariat dans la mesure où la relation est d'emblée déséquilibrée entre des professionnels qui affichent les éléments qui leur semblent importants à connaître sur l'enfant et des parents qui sont relégués à un niveau de transmissions de connaissances préétablies à propos de leur enfant. Il serait très différent d'écouter les parents nous mentionner ce qu'ils ont envie de nous raconter au sujet de leur enfant. Car alors nous nous plaçons sur un plan d'égalité avec les parents, avec la certitude et la confiance que chaque parent saura trouver et définir ce qui est important au sujet de son enfant et la manière dont il souhaite que le professionnel le considère et prenne soin de lui. Laisser une place aux parents, c'est les laisser décider de ce qu'ils veulent dire ou cacher, c'est l'accepter ainsi et se sentir suffisamment professionnel pour, quoiqu'il advienne, et quelles que soient les informations reçues, être capable de prendre le temps d'observer cet enfant et de faire connaissance avec lui. Il s'agit d'une rencontre, il s'agit de s'apprivoiser mutuellement et les renseignements fournis à l'initiative des parents auront toujours plus d'intérêts que ceux demandés de manière automatique et inappropriée, car non personnalisée[39].

Le partenariat éducatif débute à ce moment-là et se prolonge par la manière dont les parents peuvent réfléchir et envisager les débuts de l'entrée de leur enfant à la crèche. Loin de toute procédure « d'adaptation » programmée, il s'agit ici encore de laisser les parents conserver leur place auprès de leur enfant en décidant des moments propices pour eux et pour lui de venir à la crèche. C'est

39. Rameau L., « Léo arrive à la crèche », *in À la crèche, il était une fois*, Toulouse, Érès, 2010.

alors une négociation à mener avec les professionnels sur leurs disponibilités en regard de l'organisation de la crèche ou de leur groupe d'enfants. Car il n'est nullement question de dire que les parents décident de tout, mais de penser qu'il y a plusieurs partenaires dans cette organisation d'arrivée d'un enfant et que chacun des partenaires doit, tenant compte de ses propres contraintes, faire des concessions équitables. Chacun observe alors les réactions de l'enfant, à la maison ou à la crèche, et peut en faire état aux autres, afin de décider ensemble de la poursuite ou du changement d'orientation. Il est certainement bon de sortir les pratiques professionnelles de ce dogme qui consiste à devoir éviter à tout prix le risque de carence affective lié à la collectivité et qui ne permet pas aux professionnels de réfléchir plus largement à ce que représente en termes de gains l'accueil éducatif d'un jeune enfant dans une structure collective tant pour l'enfant, les parents, que pour les professionnels eux-mêmes.

Repenser les transmissions

Ce partenariat se poursuit alors chaque jour dans une relation de communication qui n'a rien à voir avec les transmissions. Celles-ci[40], fréquemment réduites à leur facette sanitaire des besoins primaires, laissent de côté tout l'univers relationnel riche et interactif constitutif d'une collectivité de jeunes enfants attractive. Mais un professionnel qui tente d'ajouter aux transmissions physiologiques des cibles plus psychologiques, telles que les activités de jeux des enfants et leurs comportements relationnels, se trouve en difficulté dans la mesure où ces contenus, pour partie peu visibles, rendent le devoir de transmission infiniment plus complexe. En effet, s'il est possible de mentionner clairement ce que l'enfant a mangé, il est plus difficile de restituer toutes les relations qu'il a eues avec d'autres enfants, par exemple, ou ce qu'il

40. Rameau L., « Réinventer l'accueil de la petite enfance », *in Le lendemain des crèches*, Toulouse, Érès, 2009.

a réellement mis en questionnement dans ses activités ludiques. Transmettre des banalités répétitives et ennuyeuses n'a aucun intérêt et ne permet pas l'instauration d'une relation de communication vraie entre les parents et les professionnels. Les outils de transmission, tels les cahiers, classeurs, fiches, sont autant de barrières symboliques qui protègent le professionnel d'une intrusion parentale, sorte de guichet invisible et protecteur. Faire la lecture donne une contenance et lui permet d'avoir quelque chose à dire sans être pris au dépourvu. Mais c'est une image appauvrie de la crèche qui est véhiculée par les transmissions, reflet d'une absence de partenariat éducatif qui, au contraire, devrait permettre aux parents comme aux professionnels de prendre le risque de parler de ce qu'ils ont vécu, remarqué, et de leur ressenti à propos de l'enfant.

Ce positionnement est d'un grand professionnalisme, il demande à la fois d'avoir intégré et compris de nombreuses connaissances au sujet des jeunes enfants, mais aussi de savoir les mettre de côté pour s'ouvrir entièrement aux réflexions et aux cheminements parentaux qui peuvent être fort différents d'un parent à un autre, et peuvent également se contredire. Ainsi, il peut sembler plus facile et plus rapide de demander aux parents d'apporter un doudou ou de dire au revoir par la fenêtre à leur enfant, que de parler avec eux des difficultés de séparation ou de l'absence de rituels de séparation ou d'objet transitionnel[41] pour un enfant. Mais il est tellement plus gratifiant pour un parent de trouver lui-même les moyens de mieux gérer ce temps de transition, d'inventer le rituel, accompagné par les professionnels. Alors que, dans le premier cas, le professionnel ne fait que conseiller et guider, montrant le « bon » chemin à ce parent soi-disant dépassé, le second cas propose la mise en place d'un partenariat éducatif

41. Winnicott D. W., *Jeu et réalité, l'espace potentiel*, Paris, Gallimard, 1975.

dans lequel les parents gardent la main et surtout apprécie toute la confiance qui est placée en lui.

Pouvoir dire à un parent très affecté lors des premières séparations avec son enfant « comment puis-je vous aider ? » plutôt que « vous devriez partir de telle ou telle façon ! » S'étonner de ce qu'un père emmène son enfant le week-end dans des sorties qui semblent peu adaptées à l'âge de l'enfant en lui proposant de raconter comment son enfant ou lui-même les vivent, plutôt que lui signifier, même gentiment, ce dont un enfant de cet âge est supposé avoir besoin. Être capable de remettre en question nos certitudes éducatives devant des parents qui affirment que leur enfant de 18 mois maîtrise ses sphincters du jour au lendemain et partager leur contentement, plutôt que les soupçonner de vouloir aller bien trop vite ou de vouloir faire des économies de couches. Ne pas accepter qu'un parent dise devant nous à son enfant que nous allons le disputer puisqu'il refuse d'obtempérer, mais lui signifier que c'est lui qui a du mal à se faire obéir et que nous pouvons l'aider s'il le souhaite. Pouvoir dire que nous sommes fâchés lorsque le parent arrive en retard, car nous prenons du retard dans notre organisation personnelle, sans manipuler ou utiliser une éventuelle attente de l'enfant que cela ne concerne pas puisqu'il s'agit d'un différend entre adultes. Ne pas s'excuser lorsqu'un enfant a été mordu, car ce n'est pas nous qui l'avons mordu et qu'il ne s'agit pas d'un défaut de surveillance, mais d'une pulsion difficilement contrôlable, mais au contraire montrer que nous comprenons la souffrance de l'enfant comme celle du parent. Ne pas penser que ce sont les parents qui régleront les difficultés que présente l'enfant à la crèche, mais savoir que c'est à l'équipe de trouver les solutions pour le temps où l'enfant fréquente l'établissement et les présenter aux parents. Communiquer chaque jour avec les parents sur le plaisir qu'on a eu à passer ce temps avec leur enfant, sur ce qui nous a semblé être le temps fort de sa journée, sur ce qu'il a appris de nouveau, sur ce qui nous a étonnés dans ses actions, ses relations, ses explorations.

Bien entendu, il est toujours possible de prévoir des activités communes avec les parents, de leur donner une place physique réellement pensée pour eux, de limiter les obstacles et les barrières de tous ordres, de prévoir une participation active de leur part aux conseils de crèche, mais c'est chaque jour que la relation de confiance se construit et que les véritables partenariats éducatifs s'instaurent. C'est chaque jour qu'il faut faire le bilan et se demander : « ai-je bien, avons-nous bien laissé sa place à chaque parent ou avons-nous fait semblant ? »

Chapitre VI

Réfléchir ensemble aux critères de qualité

Marie-Paule Thollon-Behar

Les changements apportés dans le domaine de la petite enfance (multiaccueil, prestations de service unique [PSU], taux d'occupation, dépassement de la capacité d'accueil, ouverture aux entreprises à but lucratif, baisse de la qualification professionnelle...) conduisent les équipes à douter de la qualité de l'accueil qu'elles proposent aux enfants et à leur famille. Les contraintes imposées peuvent parfois sembler réduire la possibilité de mettre en œuvre les valeurs professionnelles qui fondent les pratiques depuis une trentaine d'années : attention et disponibilité à l'enfant, individualisation de son accueil, accompagnement de la parentalité, etc.

Après des années de progrès, dus à la recherche et à la réflexion sur les conditions d'un accueil de qualité, de nombreux professionnels ont le sentiment de revenir en arrière, au temps où les enfants étaient confinés dans leur lit, où les jeux étaient absents, les parents bloqués au seuil de la crèche, et les professionnels peu formés. Les décideurs, à tout niveau, opposent à cette vision négative le besoin de développer le nombre de places afin de permettre à chaque famille de trouver une solution à son problème de garde. Le développement quantitatif justifie l'ouverture au privé, l'augmentation du nombre d'enfants dans l'agrément des assistantes maternelles, le remplissage des structures à 120 %.

Le manque de professionnels diplômés autorise le recrutement de personnels moins bien formés. De plus, il est demandé aux structures d'être rentables.

Comment alors concilier la dimension quantitative et la dimension qualitative, cette dernière essentielle au développement de l'enfant comme de nombreuses recherches le prouvent[42] ?

Comment maintenir la qualité de l'accueil, sur la base de tout ce qu'on connaît aujourd'hui des besoins du jeune enfant et des attentes de ses parents ? Freiner le mouvement de régression de la qualité nécessite d'avoir les arguments pour la défendre et la promouvoir, et cela à tous les niveaux politiques (national, départemental, local), mais aussi au niveau du propre gestionnaire de la structure. C'est ce que nous proposons de traiter dans ce chapitre, en montrant que tous les professionnels peuvent être acteurs, dans une démarche d'équipe, impliquant chacun à la place qu'il occupe.

Définir et évaluer la qualité de l'accueil : déterminer des critères et des indicateurs

Il existe deux approches opposées pour définir et évaluer la qualité de l'accueil.

La première est une méthode normative, utilisant un outil standardisé. Peu connue et peu utilisée dans notre culture francophone et même européenne, cette démarche nous vient d'Amérique du Nord. La définition de la qualité est fondée sur les théories de la psychologie du développement et elle s'appuie

42. Florin A., *Les modes de garde à 2 ans, qu'en dit la recherche ?* Rapport de synthèse commandé par le PIREF, 2004 ; Danic-David M., « Évaluer l'accueil au moyen d'un outil standardisé », *in* M.-P. Thollon-Behar, *La qualité de l'accueil : quel défi aujourd'hui ?*, Toulouse, Érès, 2010.

sur l'utilisation d'échelles. Par exemple, l'ITERS *(Infant Toddler Environment Rating Scale)* est divisé en sous-échelles qui évaluent chaque aspect de l'accueil, de l'aménagement spatial aux interactions enfants-adultes, en passant par la relation aux parents et à l'organisation du travail de l'équipe, d'une façon très complète. Chaque sous-échelle comprend des items (trente-neuf en tout), qui en détaillent les différents aspects. À chacun de ces items correspondent des descripteurs, en termes de niveau de qualité. Les structures peuvent être évaluées par une personne extérieure, comme dans un audit, ou par les membres de l'équipe. Les échelles ont été utilisées dans de nombreuses structures, d'abord dans un objectif de recherche, ce qui a permis de montrer qu'une bonne qualité d'accueil favorisait le développement de chaque enfant et son adaptation ultérieure à l'école. Elles présentent également un intérêt pour l'équipe elle-même si cette dernière s'approprie l'outil et surtout la dynamique d'amélioration de la qualité d'accueil[43].

Une autre façon d'envisager la qualité de l'accueil préconise une démarche participative, au sein d'un service. Elle s'appuie sur l'idée que la qualité est une notion très subjective. Chacun, selon sa place, sa formation, sa profession, en a sa propre définition. Le responsable de la structure, le gestionnaire, l'agent d'entretien, le maire de la commune n'en donneront pas les mêmes critères. Le premier travail – qui est à conduire quand il est question de définir la qualité – est de déterminer des critères, qui sont à rapprocher des valeurs du projet éducatif ou des objectifs vers lesquels on souhaite tendre. Ces critères étant déterminés, il s'agit de savoir s'ils sont atteints ou non. Ceux-ci étant, comme nous l'avons vu, subjectifs, il n'est pas possible de les évaluer directement. Le travail suivant portera donc sur l'élaboration

43. Danic-David M., *Op. cit.*

d'indicateurs, éléments concrets qui permettent réellement de mesurer s'ils sont atteints.

Par exemple, si l'un des critères choisis est la disponibilité des professionnels aux parents lors de l'accueil du matin, l'un des indicateurs pourra être le temps d'attente de chaque parent, ou la durée des échanges. Il sera possible de rétorquer qu'un échange peut être court et de qualité, néanmoins un temps minimum est souhaitable. Cet indicateur permet aussi de vérifier que tous les parents bénéficient de la même disponibilité.

Si nous opposons ces deux démarches dans leur dynamique, et que nous préconisons plutôt une démarche participative, les échelles normatives présentent l'intérêt de donner des indications générales sur ce qui compose la qualité de l'accueil, en s'appuyant sur des données théoriques. Elles ouvrent un large panorama sur les conditions de l'accueil du jeune enfant. Elles peuvent être source d'inspiration pour aborder la qualité de l'accueil.

Les essentiels de la qualité de l'accueil de l'enfant

Des enfants, confiants dans leur environnement humain et matériel, qui jouent librement, en choisissant parmi les jeux et les jouets mis à leur disposition et paisiblement avec leurs pairs : une image (trop) idéale de la qualité ?

Il peut sembler inutile de revenir sur des dimensions qui sont bien connues, mais à l'heure des bouleversements que nous avons évoqués, insister sur des éléments incontournables est important.

La sécurité et le bien-être physique. La sécurité est sans doute le point le moins négligé actuellement, avec l'effet paradoxal d'empêcher de prendre en compte d'autres conditions de la qualité, en particulier ce qui concerne les expérimentations des enfants, leurs découvertes, l'ouverture vers le monde extérieur. Le désir de sécurité est légitime, mais méfions-nous de la recherche du risque zéro qui conduit à un appauvrissement des possibilités d'action des enfants et des professionnels. Le bien-être physique peut être évalué à partir d'indicateurs concrets : durée du sommeil, temps d'attente avant le repas pour un tout-petit qui a faim, signes de fatigue, etc., qui sont à croiser avec l'organisation de la structure.

Le bien-être affectif et psychique. Les travaux de Myriam David dans les années 1960[44] avaient attiré l'attention sur les effets pernicieux d'un accueil en collectivité. Elle avait alors montré la nécessité d'une organisation spécifique avec la mise en place d'un système de référence palliant les effets de la séparation et prévenant les risques de carences affectives. Depuis, la théorie de l'attachement s'est diffusée en France. D'autres chercheurs ont insisté sur la dimension affective de l'accueil[45], sur l'importance de la stabilité de la relation, sur la nécessaire disponibilité de l'adulte. Mais le multiaccueil et le travail à temps partiel des professionnels ne favorisent pas la mise en place de la référence. La question de la stabilité de la relation demeure. Combien d'adultes interviennent auprès d'un bébé sur une journée ? Combien d'adultes sont réellement disponibles (qui ne font rien d'autre et observent) pendant que les grands sont en jeux libres ? Ce sont des indicateurs concrets, facilement observables et qui permettent d'évaluer les critères de stabilité et de l'attention psychique des professionnels.

La construction de la pensée, l'accès au langage, au symbolique et au raisonnement. Entre la naissance et 3 ans, une organisation spectaculaire du cerveau se produit avec le point culminant de la mise en place des synapses, connexions entre les neurones qui

44. David M., Appell D., et *al.*, *Lóczy et le maternage insolite*, Paris, Ed. du Scarabée, 1973.
45. Mellier D., *L'inconscient à la crèche. Dynamique des équipes et accueil des bébés*, Issy-les-Moulineaux, ESF, 2000.

permettent, entre autres, la mémorisation des mots[46]. Autant dire que le contexte dans lequel va grandir l'enfant jouera un rôle invisible, mais fondamental dans cette construction cérébrale. La petite enfance est l'étape au cours de laquelle se posent les bases de la pensée et où se produit une révolution intellectuelle avec le passage d'une pensée en acte à une pensée représentative, qui permet d'évoquer des objets ou des événements non perceptibles[47](Piaget, 1936 ; 1945). Pourtant, des mots comme « apprentissage » et « compétence » ont été trop souvent bannis des crèches : « on n'est pas à l'école », alors qu'un tout-petit apprend énormément avant 3 ans, qu'il n'apprend pas tout seul, ni dans n'importe quel contexte. Il pourrait malheureusement parfois être possible de parler de milieux carencés intellectuellement, tant le contexte dans lequel vivent les enfants est pauvre. La richesse et la diversité des jeux, leur adaptation au développement, les possibilités d'agir et d'expérimenter et donc d'apprendre, les sollicitations de l'adulte sont des critères de qualité qui peuvent être évalués par des indicateurs : nombre de jeux disponibles/nombre d'enfants, nombre d'enfants engagés dans le jeu/nombre d'enfants qui ne jouent pas, nombre d'échanges avec l'adulte au cours de l'activité, contenu des échanges (encouragement, verbalisation des actions, soutien de l'activité, etc.). Sans oublier l'éveil culturel : livres, histoires racontées, comptines et écoute musicale, sorties à l'extérieur (marché, médiathèque…) qui sont autant d'occasions de s'ouvrir sur le monde. Les sorties sont souvent rendues impossibles par le manque de professionnels disponibles (rappelons que l'encadrement est de deux enfants pour un professionnel en crèche, alors que les assistantes maternelles peuvent sortir avec quatre enfants). Certains enfants vivent cinquante heures par semaine entre les quatre murs de leur salle de vie, ce qui interpelle.

---

46. Lagercrantz H. « La fabrication du cerveau », *in* J. F. Dortier, *Le cerveau et la pensée. Le nouvel âge des sciences cognitives*, Auxerre, Sciences Humaines, 2011.
47. Piaget J., *La construction du réel chez l'enfant*, Neuchâtel et Paris, Delachaux et Niestlé, 1936.
Piaget J., *La naissance de l'intelligence*, Neuchâtel et Paris, Delachaux et Niestlé, 1936
Piaget J., *La formation du symbole chez l'enfant*, Neuchâtel et Paris, Delachaux et Niestlé, 1945.

La rencontre avec l'autre – adulte et enfant – et l'apprentissage du respect des règles de vie, c'est-à-dire la socialisation dans ses deux dimensions : interactions sociales et éducation. Apprendre à communiquer, à parler, à collaborer avec autrui, adulte ou pair, fait parti des compétences qui se construisent avant 3 ans et qui contribuent à l'évolution de la pensée. Les échanges rituels avec des professionnels connus (référents…) fondent la communication non-verbale, puis verbale. L'adulte doit être suffisamment disponible pour être à l'écoute des tentatives de communication de l'enfant et lui répondre en utilisant un langage riche. Interagir avec les pairs nécessite un apprentissage long, marqué d'incidents (morsures, isolement, pleurs…) qui, là encore, ne se fait pas tout seul. Les professionnels jouent un rôle dans la médiation des échanges entre jeunes enfants, en les aidant à se décentrer, à s'intéresser à ce que fait l'autre, pour enfin parvenir à coopérer dans des séquences de jeux. Les indicateurs de ces critères centrés sur les interactions seront fondés sur l'observation : nombre de tentatives de communication prises en compte par l'adulte/non prises en compte, comportements positifs/négatifs au sein du groupe d'enfants selon le moment de la journée, le type d'activité, la présence des adultes, etc.

L'apprentissage du « vivre ensemble » suppose l'intégration de règles de fonctionnement de la collectivité, règles de vie définies en équipe, connues des parents, appliquées d'une façon cohérente, et surtout expliquées aux enfants quand ils sont en âge de les comprendre. Les indicateurs peuvent être la vérification de la cohérence entre adultes, le nombre d'interactions qui visent à poser les limites/nombre d'interactions totales, etc.

Les essentiels de la qualité de l'accueil des parents

On n'accueille pas un enfant tout seul, mais également ses parents – un axe de travail nouveau pour les équipes[48]. Il requiert, de la part des équipes, plusieurs choses.

Établir une relation de confiance qui va favoriser le processus de séparation entre l'enfant et ses parents, ceux-ci pouvant le confier avec moins d'angoisse. Si la collectivité est souvent choisie pour la sécurité qu'elle apporte (compétences professionnelles, contrôle du responsable...), il n'en reste pas moins que certains parents auront besoin de temps, d'écoute et de disponibilité pour laisser leur enfant en toute confiance.

Accompagner le parent qui le souhaite dans le « devenir parent ». « Accompagner la parentalité », une expression devenue fréquente et qui suggère l'idée d'un processus qui ne va pas de soi, qui peut être parfois difficile et nécessiter un soutien. Là encore, écoute, dialogue pourront apporter cette aide quand les parents le souhaitent.

Permettre l'expression des choix éducatifs des parents en expliquant les valeurs éducatives de la structure afin de tendre vers une « coéducation », autre expression nouvelle, qui se réfère à la complexité de l'alliance souhaitable entre les professionnels et les parents autour de l'enfant, plutôt que se renvoyer mutuellement l'origine de problèmes éventuellement rencontrés dans l'éducation.

Leur laisser prendre une place s'ils le souhaitent dans la vie et le fonctionnement de la structure, échelon ultime du travail avec

48. Blanc M. CL., Bonnabesse M. L., Parents professionnels dans les structures d'accueil de jeunes enfants, Tours, *ASH*, Tours, Wonters Kluwer, 2008 ; Rayna S., Rubio M. N. et *al.*, *Parents, professionnels : la co-éducation en questions*, Toulouse, Érès, 2010.

les parents, lorsque ceux-ci se sentent suffisamment à l'aise dans la relation avec les professionnels pour s'investir plus activement dans le lieu où vit leur enfant. Des permanences de la crèche parentale au rôle de délégué dans un conseil de crèche en passant par la participation au bureau de l'association, les places sont diverses. Tous les parents ne sont néanmoins pas en mesure de s'engager. Par définition, parents de très jeunes enfants, ils n'ont pas toujours la disponibilité nécessaire, l'équipe ne doit donc pas porter de jugement de valeur sur le degré d'engagement des parents.

Nous constatons que proposer un accueil de qualité aux parents demande du temps et de la disponibilité, que certaines équipes ont le sentiment de ne pas toujours avoir suffisamment. Comment le vérifier ? En observant ce qui se passe, en évaluant des indicateurs : durée des échanges lors des différents temps d'accueil selon le moment de la journée, durée de l'attente des parents, contenu des transmissions (de quoi parle-t-on avec les parents ?). Une autre méthode d'évaluation du service rendu aux parents est de les interroger par questionnaire anonyme de satisfaction, ce que font souvent les équipes.

Les conditions de la qualité du point de vue des équipes

En préalable, nous poserons que la qualité de l'accueil ne se joue pas et ne doit pas se jouer contre la qualité de travail des professionnels. Au contraire, une équipe aura du mal à être accueillante si elle est, elle-même, maltraitée par sa hiérarchie. Réciproquement, les manifestations de la souffrance au travail – absentéisme, démotivation – sont souvent liées à l'impossibilité de se dynamiser autour d'un projet d'accueil.

Le rapport de l'OCDE[49] « Petite enfance, grands défis » pose, dans les critères de qualité, le niveau de formation des

49. OCDE Petite enfance, grands défis II, 2007.

professionnels à bac +3. Quelles que soient les questions soulevées par la grande diversité des professionnels en France, de différents niveaux (de un an après le brevet des collèges à bac +4) et des domaines de formation (social et santé), l'exigence doit être la qualité de la formation, ses contenus, sa méthode pour construire une identité et des valeurs professionnelles. Au sein de l'équipe, l'une des conditions de la qualité sera le nombre et la répartition des professionnels diplômés (EJE et auxiliaires de puériculture) *versus* les non-diplômés.

La possibilité de partir en formation continue selon les demandes individuelles ou de mettre en place une formation pour l'ensemble de l'équipe est un autre facteur. L'actualisation des connaissances et, plus encore, la remise en question des pratiques dans une attitude réflexive que permet la formation continue, sont indispensables pour améliorer sans cesse l'accueil de l'enfant dans une collectivité. Pourtant, il semble que les restrictions budgétaires aient diminué les possibilités de formation, en particulier individuelles, en raison de la difficulté de financer les remplacements. L'obligation du taux d'occupation est souvent un obstacle à la fermeture de la structure pour une journée de formation d'équipe.

Le projet d'établissement a été rendu obligatoire par le décret d'août 2000. Depuis, petit à petit, les équipes se sont appropriées la démarche de projet, de sorte que ce qui était une obligation imposée par la Caf est devenue pour beaucoup un étayage incontournable des pratiques. Un facteur de qualité peut être un projet vivant, appliqué dans les pratiques, revu et repensé régulièrement et non un bel écrit, rangé dans un tiroir.

D'une façon générale, toute démarche qui inscrit l'équipe dans une réflexion est un facteur de qualité. Jan Peeter[50] insiste

50. Peeters J., *The construction of a new profession*, Amsterdam, SWP, 2008.

sur son importance dans le processus de professionnalisation. L'analyse de la pratique qui s'est beaucoup développée, autant dans les formations initiales que sur le terrain, participe beaucoup à cette réflexion.

Or nous nous retrouvons aujourd'hui dans une situation paradoxale : les équipes sont sollicitées à réfléchir sur leurs pratiques, mais ont de moins en moins de temps et de moyens pour le faire. Il faut du temps pour élaborer, actualiser, consolider le projet d'équipe.

Penser la qualité de l'accueil de l'enfant et de ses parents dans une démarche participative

Une ou plusieurs équipes d'un service peuvent s'engager dans une démarche participative, qui va nécessiter un travail d'élaboration des critères et des indicateurs, et un recueil d'observations sur le terrain. Nous prendrons l'exemple de la ville de Oullins (quatre crèches collectives municipales ou associatives, une crèche familiale, un Ram) avec laquelle nous avons expérimenté cette démarche. L'intervention s'est déroulée sur un an. Une première étape a été de rencontrer chaque équipe afin de présenter le projet et de lancer la réflexion. Chacune a ensuite déterminé un aspect de l'accueil – une problématique – à travailler plus particulièrement. Les problématiques retenues ont été, par exemple : la qualité des jeux chez les assistantes maternelles, l'accueil des parents ou l'organisation des activités de la matinée en crèche, l'animation du temps collectif au Ram. Ensuite, un groupe de travail composé de deux personnes de chaque équipe (éducateurs de terrain, auxiliaires ou CAP) s'est réuni une fois par mois pendant trois heures. Ce groupe servait d'étayage à la méthodologie mise en œuvre dans l'équipe : choix de la problématique, puis des critères et des indicateurs, élaboration de l'outil d'observation (grilles, tableau), recueil des données, analyse des données, retour sur les pratiques professionnelles, modifications à apporter. Ce travail d'une année a été présenté par les participants du groupe au cours d'une séance qui a réuni l'ensemble des équipes, des partenaires (Caf, Conseil général) et de l'élu chargé de la petite enfance. Un document écrit a été produit. Ainsi, chacun a été informé de la réflexion conduite sur la qualité. L'intérêt de cette façon de travailler en équipe est de susciter des changements solides, qui ont un sens parce que l'équipe a expérimenté elle-même les effets de telles ou telles pratiques. Un autre intérêt est de soutenir la motivation des professionnels en aiguisant leur curiosité et donc de lutter contre l'usure professionnelle. Elle permet aussi de valoriser les personnes qui ont participé au groupe de travail inter-équipe et qui ont porté la démarche au sein de leur structure. Le choix avait été fait de ne pas faire participer seulement les éducatrices, mais également des personnes à tous les niveaux de formation. Il a été judicieux et a vraiment permis à chacune de prendre une place peu habituelle et valorisante.

Cette expérience montre que, sans moyens extraordinaires, il est possible de travailler la qualité de l'accueil dans une démarche impliquant chacun.

Accueillir un tout-petit avec toutes les conditions réunies pour qu'il grandisse bien est un enjeu de notre société. Ce tout-petit sera l'adulte de demain, un adulte solide, confiant dans ses attachements, capable de penser et de vivre avec les autres, ou pas. Nous savons que les bases se construisent dans la petite enfance, mais il semble facile de l'oublier… Nous, adultes d'aujourd'hui, sommes chacun à notre place, responsables de ce que nous offrons aux enfants. Professionnels dans les structures, formateurs accompagnant les équipes, gestionnaires, élus, décideurs politiques, nous avons en charge d'apporter les essentiels pour que chaque enfant soit accueilli au mieux.

CHAPITRE VII

QUALITÉ DE L'ACCUEIL ET PARTICIPATION

SYLVIE RAYNA

À partir d'une série de recherches et d'expériences menées dans différents pays, un consensus s'est peu à peu établi, au cours du travail de plusieurs réseaux internationaux, sur les liens inextricables entre participation et qualité de l'accueil des jeunes enfants dans les structures éducatives de la petite enfance. Ces liens reposent sur une vision démocratique de la définition et de l'évaluation de la qualité avec, comme appui, un ensemble d'arguments scientifiques et éthiques.

Définir et évaluer la qualité de l'accueil : approches participatives

On s'accorde, en effet, à la suite de Peter Moss et d'autres[51] sur le fait qu'il n'y a pas de définition objective de la qualité, qui se fonde sur des critères universels, établis une fois pour toutes. Définir la qualité apparaît, au contraire, comme un processus intersubjectif, évolutif et contextualisé, dont la pertinence et l'adéquation, reposent sur la participation démocratique de toutes les parties prenantes (experts, gestionnaires, professionnels, parents, enfants...) à cette définition, toujours provisoire, et sur la permanence de cette dynamique participative, liée au renouvellement constant des connaissances, à la diversité des valeurs

51. Moss P., « Vers une définition des objectifs des services de la petite enfance », *in* S. Rayna, M. Deleau, F. Laevers (dir.), *Quels objectifs pédagogiques pour l'éducation préscolaire ?* Paris, Nathan-Inrp, 1996 ; Dahlberg G., Moss P., Pence A., *Au-delà de la qualité,* Toulouse, Érès, 1999/2001.

des interlocuteurs en présence et aux particularités et évolutions de chaque contexte local. Ce processus participatif de définition de la qualité repose sur la construction collective de significations qui se tissent, dans le temps, localement.

Cette vision est issue, notamment, des travaux du Réseau européen des modes de garde (1986-1996) qui ont débouché sur une conception renouvelée des structures éducatives de la petite enfance : celle de forums, d'espaces démocratiques de rencontres. Parmi les quarante recommandations émises par le Réseau et dans les conclusions d'autres travaux qui ont suivi, tels les rapports de l'OCDE, *Starting Strong*[52], en 2001 puis 2006, qui comparent les politiques de la petite enfance de vingt pays, la participation, comme valeur et comme concept, a une place de premier plan. Nous la retrouvons en 2008 parmi les principes de la récente proposition d'*Enfants d'Europe* pour une politique européenne de la petite enfance[53], cadre de référence extrêmement porteur pour l'innovation pédagogique, ainsi que nous avons pu le constater au cours d'expériences d'accompagnement de structures de la petite enfance en France[54].

Si l'on explore, au niveau international, les sommaires des revues scientifiques et professionnelles de la petite enfance, force est de constater le nombre grandissant de publications portant sur la participation, décliné du côté des professionnels, des parents ou des enfants, à travers l'analyse d'une grande diversité de dispositifs d'éducation, de formation, d'accompagnement, d'évaluation, etc.

52. OCDE, *Starting Strong*, Paris, OCDE, 2001/2006.
53. www.lefuret.org
54. Callaud A., « Avec les familles, favoriser le temps de participation », *in* S. Rayna et C. Bouve (dir.), *Petite enfance et participation*, Toulouse, Érès, 2012 ; Coste A. et coll., « À la halte garderie, accueillir la diversité », *in* S. Rayna, C. Bouve (dir.), *Petite enfance et participation*, Toulouse, Érès, 2012 ; Damiani M., Dupré S., « Premiers pas vers un curriculum à Fontenay-sous-bois », *in* S. Rayna, C. Bouve (dir.), *Petite enfance et participation*, Toulouse, Érès, 2012.

Apprentissage et participation

Au-delà de la petite enfance, la notion de participation est également devenue fondamentale pour tous les âges de la vie et ce, aussi bien selon les récents travaux conduits en psychologie qu'en sociologie. En témoignent les théories participatives de l'apprentissage (apprentissage étant compris dans un sens très large, produit dans des situations d'éducation formelles ou informelles et ce, tout au long de la vie) qui se sont développées au cours de ces dernières années, menant plus avant les idées des grands psychologues du XXe siècle tels Jean Piaget, Lev S. Vygotsky, Henri Wallon et d'autres, selon lesquels apprentissage, développement et connaissance ne peuvent s'élaborer sans activité de la part du sujet, sans interaction active avec le monde physique et social. C'est en participant aux activités sociales, en observant puis en collaborant, d'abord de façon périphérique puis plus centrale, avec accompagnement puis de manière autonome, qu'on apprend et que se construisent des « communautés de pratiques », et ce, dans des contextes les plus variés, ainsi que les études présentées dans l'ouvrage de Gilles Brougère et Anne-Lise Ulman le montrent[55], à l'aide d'outils théoriques d'auteurs tels que Barbara Rogoff ou Etienne Wenger.

Les contextes informels, ceux de la vie quotidienne, dont le potentiel éducatif était jusqu'ici sous-estimé, se révèlent tout particulièrement formateurs pour peu que les sujets, adultes ou enfants, aient la possibilité… de participer, de s'impliquer. Ces contextes sont d'autant plus formateurs que leur *affordance* (c'est-à-dire la richesse des occasions données d'apprendre) d'une part et l'engagement observé des participants d'autre part sont grands.

55. Rogoff B. et coll., « Développement des répertoires culturels et participation des enfants aux pratiques quotidiennes », *in* G. Brougère et M. Vandenbroeck (dir.), *Repenser l'éducation des jeunes enfants,* Bruxelles, P. Lang, 2007 ; Berry V., « Sur les traces des communautés de pratique : note de synthèse », *Pratiques et analyse de formation,* 54, 11-48, 2008 ; Brougère G., Ulman A.-L. (dir.), *Apprendre de la vie quotidienne,* Paris, PUF, 2009.

Les résultats majeurs de la recherche sur le développement des compétences (communicatives, notamment) des nouveaux-nés et tout-petits indiquent aussi l'importance de leur participation aux activités ludiques partagées avec leurs partenaires, adultes puis pairs, engageant tout, à la fois les registres émotionnels, cognitifs et corporels, ainsi que les études de Jérôme Bruner, Daniel Stern ou Colwyn Trevarthen l'ont montré depuis longtemps[56]. Ils soulignent, en même temps, l'attention nécessaire à porter à l'environnement physique et humain, propice à cette participation, et tout particulièrement la réactivité chaleureuse des adultes, leur capacité d'écoute et de réponse dans un engagement intersubjectif authentique.

Participation des enfants

Dans les structures éducatives de la petite enfance, un soin remarquable est accordé par des équipes italiennes à l'esthétique des espaces, aux couleurs, aux lumières, au choix minutieux des matériaux, ainsi qu'aux objets, variés, significatifs, et à leur mise en scène pour que les enfants se sentent bien et puissent s'engager. Des espaces particulièrement accueillants, chaleureux, invitant au dialogue, à l'exploration, à l'invention ont ainsi été et sont patiemment pensés sur l'ensemble des structures municipales de la petite enfance de Pistoia, notamment[57]. L'objectif est que les enfants prennent une part entière à la vie quotidienne de ces lieux où les éducateurs participent, de leur côté, à l'expérience des enfants. Ce faisant, c'est toute une culture enfantine qui se tisse jour après jour, dans une grande continuité de relations, une pluralité d'interactions et une harmonie d'attendus et

56. Bruner J., *Savoir dire, savoir faire,* Paris, PUF, 1991 ; Stern D., *Le monde interpersonnel du nourrisson*, Paris, PUF, 1985 ; Trevarthen C., « Les histoires se créent en bonne compagnie », *in* S. Rayna, O. Baudelot (dir.), *On ne lit pas tout seul !* Toulouse, Érès, 2011.

57. Ben Soussan P., Il faut ouvrir les écoles maternelles comme à Pistoia, *Spirale,* 46, 2, 7-11, 2008 ; Galardini A. L., « Temps et espaces pour lire avec les enfants », *in* S. Rayna et O. Baudelot (dir.), *On ne lit pas tout seul !* Toulouse, Érès, 2011 ; Musatti T., Mayer S., *Educare* en crèche, *Enfants d'Europe*, 20, 4-5, 2011.

d'inattendus, et qui fonde pour les enfants une expérience significative du temps de la petite enfance. Leur participation procède de l'expression de leurs « 100 langages » (verbal, corporel, artistique, scientifique, etc.) selon les termes de Loris Malaguzzi[58], promoteur, à Reggio Émilia, d'une pédagogie de l'écoute fondée sur l'idée d'enfants « riches » en capacités multiples, d'enfants-citoyens, auxquels les éducateurs se doivent de proposer des rencontres « riches », plurielles, où les enfants évoluent à leur guise, dans des espaces de plus en plus larges pour soutenir initiatives, émotions et réflexions créatrices.

Cette participation enfantine à des situations non subies, qui suscite leur intérêt, leur curiosité, leur recherche, et qui visiblement les rend heureux, résulte d'un choix éducatif, construit au fil des ans, avec la participation des parents[59] et à l'aide d'un ensemble d'outils théoriques testés sur le terrain. On peut y voir une mise en œuvre du droit de l'enfant à la participation, tel qu'énoncé dans la Déclaration des Nations-Unies de 1989.

En Suède, depuis 1998, le *curriculum* préscolaire, qui donne un cadre national aux projets éducatifs des structures accueillant les enfants âgés de 1 à 6 ans, insiste sur « l'enfant influent » : aux éducateurs de faciliter l'expression du point de vue des enfants sur leur vie dans ces lieux et d'en tenir compte pour les ajustements à venir, grâce à l'instauration de cette pratique de démocratie vivante dès le plus jeune âge[60]. Dans un certain nombre de pays nordiques, notamment en Islande, et anglo-saxons, des travaux développent cette participation des enfants (*children*

58. Moss P., Rachid C. et *al.* (2004), « Reggio Emilia, quarante ans de pédagogie alternative » *in Enfants d'Europe,* Strasbourg, Le Furet, 6, 2004.
59. Mastio A., Rayna S., « Avec les parents : modalités et outils de collaboration dans les services éducatifs de la petite enfance de Pistoia » *in* S. Rayna, C. Bouve (dir.), *Petite enfance et participation,* Toulouse, Érès, 2012.
60. Karlsson-Lohmander M., « La démocratie, base de la qualité de l'éducation préscolaire en Suède », *Revue Internationale d'Éducation de Sèvres*, 53, 43-53, 2010 ; Engdhal I, La participation des enfants à l'éducation en plein air dans le préscolaire suédois, Strasbourg, *Le Furet,* 67, à paraître en 2012.

perspectives) par toute une série de dispositifs et d'outils visant à promouvoir une citoyenneté en acte dès la petite enfance. L'approche « Mosaïque[61] », qui propose un ensemble de procédés (prise de photos par les enfants, discussion en marchant, etc.), est un des exemples de moyens par lesquels de jeunes enfants peuvent manifester leur « expertise », en exprimant leur point de vue et en évaluant, ce faisant, la qualité des lieux qui les accueillent.

Participation des professionnels

Une telle participation enfantine n'est possible qu'avec l'implication corrélative des adultes dans les structures et une réflexion permanente sur leurs pratiques. Cette participation active à la co-construction de lieux de vie agréables et enrichissants pour tous s'inscrit à l'opposé des évolutions récentes vers des visons technicistes et normatives des professions de la petite enfance. Un ensemble de conditions et d'outils sont bien décrits et recommandés dans les publications européennes internationales. Ainsi, des formations initiales et continues, accordant une large place aux nouvelles visions des jeunes enfants et à l'engagement des professionnels dans des processus de recherche (recherches-action, etc.), le développement de diplômes interuniversitaires sur plusieurs sites européens et mêlant les futurs professionnels de divers pays (des étudiants de 28 pays différents étudient en ce moment à Göteborg dans le cadre d'un master européen de la petite enfance), l'organisation de voyages d'études et d'échanges, – ainsi les riches échanges franco-italiens, que j'ai à plusieurs reprises récemment facilités à Paris[62] ou en région PACA[63]– , sont

61. Clark A., Les jeunes enfants en tant qu'experts : écouter en utilisant la démarche mosaïque, *Enfants d'Europe,* 1, 15-6, 2001.
62. Les expériences de S. Coste ou A. Callaud indiquées en note 4 l'illustrent, parmi d'autres.
63. Séméria P., « La magie de mon séjour à Pistoia », *in* S. Rayna, C. Bouve, P. Moisset (dir.), *Pour un accueil de qualité de la petite enfance, quel curriculum* ? Toulouse, Érès, 2009 ; Die N., « D'une visite pistoiaise à visée gapençaise » *in* S. Rayna, C. Bouve et P. Moisset (dir.), *Pour un accueil de qualité de la petite enfance, quel curriculum* ? Toulouse, Érès, 2009.

autant d'occasions d'apprendre les uns des autres, d'accueillir la diversité, de mettre en question les routines et les évidences, de métisser les sources d'inspiration, d'oser l'innovation.

La participation à des projets de recherche et la collaboration de longue durée entre praticiens et chercheurs, dans des projets éducatifs locaux et au-delà sur des réseaux territoriaux, sont aussi des conditions porteuses pour la participation des professionnels avec, en corolaire, des effets de professionnalisation évidents. En témoignent : le Groupe national italien lancé par Loris Malaguzzi, particulièrement dynamique[64], les expériences coopératives de Nouvelle-Zélande[65], ou diverses recherches-actions réalisées ici ou là. L'engagement dans des réseaux internationaux, par exemple le réseau européen DECET (sur l'accueil de la diversité dans l'éducation et la formation[66]) dans lequel l'association des structures parentales (ACCEP) et l'école d'éducateurs de jeunes enfants de Lyon (ESSSE) sont particulièrement impliquées, sont autant d'occasions de confronter points de vue et perspectives théoriques, de s'ouvrir à de nouvelles perspectives, de partager et d'expérimenter les outils des uns et des autres dans différents contextes, de penser au sein d'une pluralité d'approches, face à la complexité des phénomènes éducatifs et des défis aujourd'hui rencontrés.

Dans les structures éducatives de la petite enfance, un outil majeur est désormais reconnu comme incontournable : la « documentation », par divers moyens (image, texte…) – une pratique venue d'Italie et qui s'est répandue dans le monde. Documenter quotidiennement l'expérience vécue des enfants, pour réfléchir sur la pratique et l'améliorer, en la partageant avec les collègues, mais aussi les parents, les enfants et les autres interlocuteurs,

64. Musatti T., Le groupe *Nidoinfancia*, un réseau pour la qualité éducative en Italie, Strasbourg, *Le Furet*, 58, 2009.

65. Mitchell L., La diversité des services de la petite enfance en Nouvelle- Zélande, Strasbourg, *Le Furet*, 59, 2-5, 2009 ; Dalli C., Professionnalisation du système d'accueil et d'éducation de la petite enfance en Nouvelle-Zélande, *Revue Internationale d'Education de Sèvres*, 53, 89-100, 2010.

66. www.decet.org

s'oppose aux pratiques traditionnelles d'observation ou d'évaluation, dans la mesure où il n'y a pas d'attente de résultats ni de conduites prédéfinies, mais une large ouverture sur la nouveauté. La documentation constitue un moteur qui accompagne les projets originaux, significatifs pour les contextes particuliers dans lesquels ils sont co-construits, leur évaluation en équipe, et l'amélioration de la qualité éducative offerte aux enfants. Les évaluations participatives – conduites par exemple dans les crèches de Rome, à l'aide de ce moyen [67] – s'opposent ainsi aux évaluations externes, classiques de la qualité qui ont largement montré leurs limites, et conduisent à des résultats convaincants quant aux connaissances construites et aux transformations induites dans les structures éducatives. L'engagement dans l'écrit, la publication de l'analyse des pratiques ; les activités biographiques professionnelles sont aussi un moyen important qui renforce chez les praticiens le recul réflexif et le pouvoir d'agir, et renforce la participation et la prise de responsabilités dans l'action avec les jeunes enfants et leurs familles.

Un cadre curriculaire, support du développement des projets locaux, est à un autre niveau une condition facilitatrice de l'engagement professionnel. Mais pas n'importe quel curriculum ! On a cité plus haut le *curriculum* suédois, citons aussi le *curriculum* finlandais pour les 0-3 ans, où le point de vue des enfants est clairement mis en avant, ou le *curriculum* écossais qui insiste sur la réactivité des adultes et les relations chaleureuses, ou encore, pour les crèches belges, le référentiel « Oser la qualité », accompagné de brochures spécifiques (enfants, parents, professionnels) et surtout d'une mise en œuvre sur le terrain avec l'appui de conseillères pédagogiques au sein d'un processus démocratique [68]. Des

67. Di Giandomenico I., Musatti T., Picchio M. C., Participer à l'évaluation de la qualité des modes d'accueil de la petite enfance : pourquoi, qui et comment ? , *in* S. Rayna, C. Bouve (dir.), *Petite enfance et participation*, Toulouse, Érès, 2012.

68. Pirard F., « Oser la qualité, un référentiel dans la Communauté Française de Belgique et son accompagnement », *in* S. Rayna, C Bouve, P. Moisset (dir.), *Pour un accueil de qualité de la petite enfance, quel curriculum ?* Toulouse, Érès, 2009.

initiatives locales, variées et singulières se trouvent ainsi stimulées, révélant la libération des discours dominants et conformisants qui inhibent, on le sait, l'usage du riche potentiel humain des équipes.

Participation des parents

La nature coéducative de la prise en charge des jeunes enfants implique la participation parentale dans les lieux qui accueillent, sur de longues durées journalières, leurs enfants. Si l'implication des parents apparaît comme une évidence, il ne suffit pas qu'elle soit prescrite, décrétée, dans les textes officiels pour qu'elle soit automatiquement traduite dans la réalité. Ces textes doivent, du reste, être très explicites, ainsi le *curriculum* de Berlin qui consacre un chapitre entier à la collaboration avec les parents, et qui est accompagné d'un court texte adressé directement à ces derniers, les invitant à discuter avec les éducatrices, à proposer les comptines de la maison, etc.[69] La façon d'impliquer les parents ne va pas de soi, en raison des histoires des institutions des différents pays, des résistances entraînées. Dans certains, comme le Japon[70], les univers éducatifs institutionnels et familiaux ne sont pas aussi disjoints que dans notre pays. De même, historiquement, les crèches et les écoles maternelles des communes italiennes se sont construites à travers une large *gestion sociale*, certes diverse selon les localités et les styles de participation mis en place[71].

Études et expériences convergent aujourd'hui pour souligner l'importance du recours à une multiplicité de dispositifs pour impliquer des familles aux besoins divers. Il est bien clair que

69. Preissing C., Un aperçu du curriculum de Berlin, Strasbourg, *Le Furet*, 51, 2-4, 2005.
70. Hoshi M., « Tradition et évolution de la coéducation au Japon », *in* S. Rayna, M. N. Rubio, H. Scheu (dir.), Parents-professionnels. *La coéducation en questions*, Toulouse, Érès, 2010.
71. Picchio M. C., Musatti T., La culture de l'éducation de l'enfance en Italie, *Revue Internationale d'Éducation de Sèvres*, 153, 101-108, 2010.

la participation représentative, importante, ne suffit pas, tout comme les réunions d'information, et qu'une attention toute particulière est à accorder aux moments sensibles de l'arrivée en crèche et de l'accueil quotidien. L'aménagement des halls d'entrée a toute son importance pour dire aux parents qu'ils sont bienvenus : la présence de fauteuils, de canapés, etc., le soin accordé aux messages affichés sur les murs – des messages qui invitent, qui valorisent, qui donnent une place effective aux parents, ainsi la « Bienvenue » écrit dans toutes les langues représentées par exemple, ou encore la carte du monde où chaque famille inscrit sa provenance. Les objets-messagers qui transitent de la maison à la crèche et réciproquement, et qui ont tout leur sens, « les trésors de la maison » dit-on à Pistoia où ces objets précieux pour les enfants ont une grande valeur, rangés dans de jolies boites, et sont des occasions fabuleuses d'échanges entre les divers mondes des enfants, sans parler des « boites des vacances » qui, remplies pendant l'été et ramenées à la rentrée, favorisent les retrouvailles, renforcent les liens sociaux et enrichissent l'histoire du groupe d'enfants d'une année sur l'autre avec la même équipe d'éducateurs.

La documentation, qui tapisse les murs ou qui circule *via* des cahiers collectifs et individuels, mettant en images et en mots les moments significatifs de la vie des enfants, est un outil majeur de communication avec les familles et d'implication de ces dernières. Parmi les images, à l'accueil, le mur des familles, tel que le travail le réseau DECET, est un outil majeur pour signifier et reconnaître la place des familles dans les lieux, rendre visible leur singularité et leur diversité, amorcer le processus d'appartenance. L'organisation d'activités en commun ou par les familles est également un point important pour la socialisation enfantine comme pour la socialisation parentale. L'ouverture des institutions pour ce faire, par exemple dans les classes-passerelles de Roubaix, montre que la participation de parents éloignés culturellement de ces institutions est non seulement possible, mais souhaitée, appréciée et efficace en termes d'inclusion scolaire et sociale – ainsi en témoignent les mamans de l'une de ces classes qui accueillent les enfants de 2 ans[72]. En crèche aussi les innovations d'équipes parisiennes, s'inspirant des travaux de Michel Vandenbroeck sur l'accueil de la diversité[73] le montrent, indiquant, de surcroit, un changement profond de posture opéré dans les relations interpersonnelles en passant du faire pour les parents à un faire convivial, avec eux[74] !

Vers une « pédagogie de la participation », stratégie orientée vers le changement, par la mise en dialogue et la multivocalité, dans la petite enfance, lieux de construction identitaire et d'appartenance, de développement de la solidarité, de la responsabilité et de l'inclusion ?

72. Estienne T. et coll., « La participation des parents dans une classe-passerelle de Roubaix », *in* S. Rayna et C. Bouve (dir.), *Petite enfance et participation,* Toulouse, Érès, 2012.
73. Vandenbroeck M., *Éduquer nos enfants à la diversité,* Toulouse, Érès, 2005.
74. Callaud A., « Avec les familles, favoriser le temps de participation », *in* S. Rayna et C. Bouve (dir.), *Petite enfance et participation,* Toulouse, Érès, 2012 ; Coste A., et coll., « À la halte garderie, accueillir la diversité », *in* S. Rayna, C. Bouve (dir.), *Petite enfance et participation,* Toulouse, Érès, 2012.

Chapitre VIII

L'agressivité à la crèche : une réalité

Marie Léonard-Mallaval

La crèche est un lieu d'accueil pour jeunes enfants de moins de 3 ans. Évoquer l'agressivité à son sujet peut étonner les personnes qui l'imaginent comme un univers angélique. On dit depuis des siècles que l'homme est un loup pour l'homme, mais l'enfant, surtout jeune, est plutôt rangé du côté des agneaux. Ainsi, parler d'agressivité à la crèche semble choquant, pire, déplacé. Pourtant, c'est d'un groupe humain qu'il s'agit, et comme dans les autres, l'agressivité a sa place. Les questions posées par ses manifestations sont graves. Le problème émerge dans beaucoup de situations : parmi les adultes, il se trouve toujours quelques parents, collègues ou directrices considérés comme agressifs ; du côté des enfants, les services de « moyens » sont souvent affectés par ces manifestations perturbantes. Les agneaux ne sont plus si doux en grandissant et ils se livrent parfois à des actions que l'on juge agressives. L'émotion qu'elles suscitent nous bouleverse et nous nous retenons à grand-peine d'y réagir avec force. Nous cherchons une parade et attendons du psychologue une réponse : comment comprendre et gérer l'agressivité ?

Au cours de ma pratique, il m'est devenu évident que l'agressivité des enfants et celle des adultes étaient inséparables.

Après avoir longtemps cherché une explication et une solution à chaque situation, j'ai animé des groupes de formation et de réflexion avec les différents professionnels concernés par l'accueil de l'enfant de moins de 3 ans. Un livre[75] est né à l'issue de cette démarche. Il a permis d'avancer dans la compréhension et la gestion de cette difficulté : il faut bien « faire avec »... Il nous faut « faire avec », s'inspirer des auteurs tels que Donald Woods Winnicott[76] qui définit l'agressivité comme une des sources principales d'énergie. Nous devons reconnaître la valeur positive de l'agressivité dans son dynamisme, dans son élan à vivre, même si cet élan nous bouscule. Pour Jean Bergeret[77], la violence, indissociable de la vie, est innée, universelle et présente dès le début de l'existence. C'est une tendance défensive visant à la survie et à la protection du sujet face aux menaces. Il différencie la violence de l'agressivité, laquelle est une pulsion secondairement érotisée car elle a un objet : attaquer ou détruire ce qui fait obstacle à la satisfaction. Elle n'est donc pas uniquement négative, elle s'associe au dynamisme, à la combativité, la force (*vis* en latin), la vigueur, la puissance. Ainsi, un enfant pas assez agressif, trop tranquille, résigné doit nous inquiéter, même s'il est moins « bruyant », donc moins accaparant qu'un autre.

Il faut « faire avec » l'agressivité, mais pas n'importe comment. Il faut comprendre ce qu'expriment ses manifestations pour y répondre d'une manière adéquate. Examinons donc les causes qui provoquent des conduites que l'on qualifie, souvent à tort, d'agressives ?

75. Léonard-Mallaval M., *Ça mord à la crèche*, Toulouse, Érès, « 1001 BB », 104, 2009.
76. Winnicott D. W., *Agressivité, culpabilité et réparation*, trad. 1994, Paris, Payot, 1984.
77. Bergeret J., *La violence fondamentale, L'inépuisable Œdipe*, Paris, Dunod, 1984.

Conduite agressive avant 3 ans ?

Dès la naissance, le bébé, immature, ne peut subvenir seul à ses besoins et manifeste sa détresse quand il a faim, froid, ou quand il ressent un malaise que nous avons du mal à comprendre. Le nouveau-né est dans l'attente d'un soulagement de la part de l'adulte. Il s'angoisse si son attente est trop longue et menace ainsi son « sentiment de continuité d'être », selon D. W. Winnicott[78].

Les pleurs et les plaintes sont parfois interprétés par certains parents comme des manifestations agressives : ce bébé les persécute ! Déjà, par un phénomène de projection : nous attribuons une intention à ce qui n'est que l'expression d'un malaise. L'incompréhension face aux pleurs du bébé provoque un sentiment d'impuissance parfois rageur : l'envie n'est pas loin de « le passer par la fenêtre ! » Souvenons-nous des dix-sept raisons qu'a une mère de haïr son enfant, selon D. W. Winnicott[79]. Face à ce constat, nous sommes tous des rescapés...

Il peut donc y avoir, dès les premières interactions entre le bébé et son entourage, un mauvais tissage des liens d'attachement du fait de l'incompréhension ou de l'interprétation erronée des signaux émis par le bébé. Son angoisse provoque celle du parent, par une sorte de contagion émotionnelle qui se répercute en retour et ainsi de suite, comme dans toute interaction.

Les douleurs dentaires sont la première épreuve du bébé que l'entourage est incapable d'éradiquer.

Pire, dit le psychanalyste E. Erikson[80], « la seule action qui promettait un soulagement, celle de mordre », est refusée par cet

78. Winnicott D.W., *La famille suffisamment bonne,* trad. 2010, Paris, Payot & Rivages, 32, 1965.
79. Winnicott D.W., *De la pédiatrie à la psychanalyse,* trad. 1971, Paris, Payot, 56, 1947.
80. Erikson E., *Enfance et Société,* trad. 1966, Neuchâtel et Paris, Delachaux et Niestlé, 169, 1950.

entourage. Ne pas accepter d'être mordu est parfaitement sain, mais greffer sur ce refus l'interdiction de porter ses mains ou tout objet à la bouche, *« parce que c'est sale... »*, c'est méconnaître l'importance de la pulsion orale, première zone d'investissement libidinal du bébé et, simultanément, première zone de découverte cognitive. Ainsi, nous pouvons déplorer l'usage systématique des tétines comme réponse unique proposée au bébé pour se consoler, mais aussi lui « clore le bec » et entretenir une succion quasi permanente, alors que la bouche est loin de ne servir qu'à cette activité. Nous voyons là une des racines qui présage de l'incompréhension et du conflit possible entre parents et bébés et, partant, une origine de leurs éventuelles relations agressives. Bien sûr, nous ne laissons pas mettre en bouche n'importe quoi, il existe un juste milieu entre tout permettre et tout interdire !

Le sevrage se passe parfois sans peine, heureusement, quand l'accordage[81] mère-bébé est harmonieux. Il peut, à l'inverse, être imposé plus ou moins brusquement et devenir ainsi l'objet d'une souffrance, pour la mère, pour le bébé ou pour les deux simultanément. Cette souffrance est parfois si intense qu'il n'est pas rare de rencontrer des bébés refusant le biberon ou la cuillère, et en miroir, des parents commençant à forcer les lèvres pour nourrir le bébé récalcitrant. Ainsi, le repas se transforme en affrontement rapidement agressif qui perturbe la relation du jeune enfant à son alimentation, ainsi que la confiance du parent en sa compétence.

Si le sevrage est décrété en vue de l'admission en crèche, cela amplifie l'angoisse de séparation et la tempête n'est plus seulement orale, mais existentielle. Il est donc important de connaître un peu de l'histoire de ce bébé qui arrive en crèche et de ménager son temps d'accueil progressivement en l'accompagnant, ainsi que sa famille.

81. Stern D., *Le monde interpersonnel du nourrisson*, Paris, PUF, 1985.

L'entrée en collectivité n'est un moment facile pour aucune des personnes impliquées. La famille et le personnel, chacun de son côté, se demande à qui ils auront affaire. Les enfants, quant à eux, réagissent souvent par des larmes, parfois lancinantes, surtout si la séparation n'a pas été préparée.

Germain, 6 mois, débute son séjour en crèche le visage sérieux, les yeux interrogateurs. Au moment où il tombe de sommeil, il est posé doucement dans son lit. L'adulte lui parle à mi-voix et lui caresse le dos. Germain commence une séance de larmes qui ne cessera qu'à sa reprise dans les bras. Au bout d'une semaine, Germain n'a pas fermé une seule fois les yeux à la crèche. Les auxiliaires ne savent plus quoi faire pour apaiser cet enfant. En parlant avec les parents, elles découvrent que Germain n'a jamais dormi seul dans son lit d'enfant… Histoire fréquente, elle illustre la difficulté à dé-fusionner. Parents et personnel accueillant sont replongés dans leurs propres angoisses de séparation, celles qui nous accompagnent toute la vie…

Pourtant, l'univers du bébé n'est pas jalonné que de difficultés, heureusement ! La pulsion vitale provoque découvertes et joies, parmi lesquelles les progrès moteurs et l'exploration d'autrui sont essentiels.

Mettons-nous au tapis, dans la salle des bébés et observons les mouvements spontanés[82], les orientations des regards, les reptations, les tentatives pour toucher les objets, faire leur connaissance en les portant à la bouche. Mais « l'objet » le plus fascinant est l'Autre, car il est vivant, il bouge, il émet des sons, il réagit et, le summum, il regarde en retour : un miroir, les mirettes ! Quelle tentation que d'explorer ces yeux avec le doigt ! On va l'interdire... Et la bouche, cette merveille brillante et si importante !

82. Lézine I., *Premiers échanges entre nourrissons*, Paris, film CNRS, 1975.

Comment résister au plaisir d'y mettre le doigt ? Tiens... parfois cette bouche se ferme et s'il y a des dents, je suis mordu(e) ! J'apprends ainsi que l'autre réagit et que ça peut faire mal ! Mais cette expérience est si intéressante que je la referai...

Ce sont des découvertes essentielles qui ébauchent la conscience d'autrui en interaction avec la conscience de soi-même. Comment réagir ? Bien sûr, en empêchant les maladresses qui pourraient nuire à l'intégrité du corps d'autrui, mais aussi en laissant se dérouler les découvertes qui ne font pas mal et en encourageant ainsi les bases du plaisir de l'échange dans le respect de l'autre.

Parmi ces explorations, il y a aussi la découverte des jouets, des lunettes, des colliers et autres accessoires. Quel intérêt, celle qui consiste à associer deux objets, ou un objet et une personne pour voir ce que ça donne ! Taper ! C'est une association riche du point de vue du développement de l'intelligence sensori-motrice. Nous la permettons avec des objets, mais l'interdisons sur les personnes : « Taper sur un objet est possible, taper sur autrui est interdit, et si ton envie est vraiment trop forte, voici un objet sur lequel tu peux taper ! »

L'acquisition de la marche ouvre une étape essentielle dans l'accès à la liberté et à l'autonomie du jeune enfant. À moi le vaste monde et ses découvertes, les placards, les casseroles, les tiroirs, les jouets des adultes : leurs porte-monnaie, leurs clés, leurs téléphones portables ! Alors se multiplient les interdits et pleuvent les tapes. Les petites tapes, bien sûr, mais des tapes quand même : « C'est rien, c'est sur la couche », entend-on parfois. Le geste de la fessée se profile et ce n'est pas « rien », c'est « taper un

83. Freud S., « Un enfant est battu. Contribution à la connaissance de la genèse des perversions sexuelles » *Névrose, psychose et perversion*, trad. 1973, Paris, PUF, 1919.

enfant »[83]. Une mère un jour a dit : « Ma fille ne parle pas, alors je la tape. » C'est user de violence, et la provoquer en retour chez l'enfant. Une autre mère, en crèche, regardant son fils me donner des coups de pieds, me dit : « J'arrête pas de le taper toute la journée. » Taper paraît un euphémisme pour ne pas dire frapper, gifler ou fesser. On est loin du respect de l'autre qui est un aspect essentiel de l'éducation. Celle-ci passe par des limitations que le jeune enfant éprouve souvent avec grande frustration et colère.

C'est avec l'idée qu'il faut sérieusement réussir la « bonne » éducation de leur enfant que certains parents choisissent « la manière forte », l'intimidation, le dressage en quelque sorte, pour ne pas être taxés de laxistes ou, pire, de démissionnaires !

Ce dressage est particulièrement préconisé, et souvent trop tôt, pour l'acquisition de « la propreté » car on considère, à tort, que les sphincters peuvent être contrôlés par l'entraînement précoce. C'est alors la sphère anale qui est investie, objet de curiosité pour le jeune enfant, et d'anxiété pour certains parents. Cette étape normale du développement peut ainsi se transformer en un affrontement entre parents et enfant et l'agressivité s'y manifester de multiples façons. La rigidité des règles émises par les parents provoque en retour l'opposition de l'enfant. Celui-ci est plus faible et plus petit que l'adulte, et s'opposer à lui est inquiétant. Cette inquiétude peut être soulagée par des actes agressifs que l'on prend facilement pour des provocations.

Ainsi, le chemin n'est pas tranquille : grandir provoque des joies, mais aussi des frustrations causées par les limitations imposées par l'adulte. C'est à la fois désagréable et indispensable. Or, si les limites sont indispensables, elles ne doivent être ni trop nombreuses et arbitraires, ni assénées avec violence. Au contraire, quand elles sont exprimées fermement et sans violence, ainsi qu'à bon escient, elles contiennent le jeune enfant, le rassurent et le civilisent. Elles le confrontent à l'interdit et au permis ce qui aide au contrôle de la pulsion et oriente ainsi son sens moral.

Quelles sont les significations des conduites agressives ? Quelles réponses apporter ?

Voyons maintenant plus en détail les manifestations d'agressivité (ou supposées telles) que nous rencontrons dans les collectivités qui accueillent pendant la journée des enfants de moins de 3 ans. Notons que ces manifestations ne sont pas réservées à la crèche. Elles se produisent aussi chez l'assistante maternelle, en famille, au jardin, à la plage, enfin, partout où deux petits enfants se côtoient. Nous l'illustrerons avec le cas de la petite Ponijao.

Continuons à grandir. Quelle joie d'acquérir la marche, puis la course ! Et pan ! On se heurte… C'est un accident de la circulation. Nous portons d'abord secours à la (ou les) personne(s) en difficulté ; mais doit-on gronder l'enfant qui ne maîtrise pas sa trajectoire ? Cela ne le rend pas plus équilibré. Bientôt, se rentrer dedans devient un jeu très amusant ! L'adulte est là pour veiller au grain : laisser faire, puis mettre un terme à la situation lorsque l'excitation frôle le danger, lorsqu'un des enfants est en difficulté, ne peut s'en sortir sans aide extérieure. L'adulte est le régulateur de la mêlée et non celui qui crie encore plus fort pour réprimer et empêcher tout contact.

Une auxiliaire raconte : « Un enfant, très doux toute l'année, une fois, au départ d'un autre enfant avec ses parents, lui a foncé dessus avec son trotteur ; pourquoi ? » Oui, pourquoi ? Voulait-il jouer, voulait-il attirer l'attention, voulait-il se mettre à la place de l'enfant avec ses parents ? Il n'y a pas de réponse univoque et c'est seulement la connaissance de l'enfant et l'observation de la situation qui permettront d'induire une idée d'explication. Ces jeux moteurs, prétendus « agressifs », sont des façons de toucher autrui, entrer en contact, susciter ses réactions, découvrir les siennes propres. Les contacts – sentir la peau, la frontière de l'autre et sa propre peau, sa propre frontière – sont créateurs de joies, mais indiquent aussi apprennent les limites à ne pas franchir chez l'autre.

Car chacun connaît l'importance des effractions dans ses limites : les coups, bleus et divers bobos ! L'égratignure est un trou dans l'enveloppe qui nous contient et, par ce trou, le sang, donc la vie, peut s'échapper. Dire que « c'est rien ! » est un peu vexant, car c'est capital ! Il faut donc réparer, boucher le trou, bref soigner et rassurer en donnant confiance en la guérison. À l'inverse, dramatiser, pousser de hauts cris pour un petit bobo est affolant pour le groupe et angoisse l'enfant inutilement.

Au quotidien de la crèche, il est des bobos qui font scandale : les morsures, bien sûr ! On a tellement le goût de l'autre qu'on le touche, le lèche, le goûte. Ainsi naît l'amour dévorant. La morsure peut également être utilisée pour attaquer et/ou se défendre avec les dents... pour éprouver jusqu'où on peut aller. La vignette suivante rappellera que ce n'est pas une spécialité exclusive de la crèche.

La scène[84] se passe en Namibie. Deux bébés sont assis au sol côte à côte, l'un âgé d'environ 14 mois, l'autre est une petite fille un peu plus jeune, Ponijao. Ils se regardent. La plus jeune observe le geste du grand et l'imite : les deux frottent et tapent une pierre au sol avec un caillou qu'ils tiennent en main, geste habituel chez les adultes. Chaque enfant regarde l'autre puis son geste. Le climat est paisible, ils échangent des vocalises. La plus jeune aperçoit, à proximité, une bouteille en plastique, tend le

84. Balmès A., Film « Bébés » sur une idée d'A. Chabat, Wam-Studio Canal, 2010. L'essentiel de la scène est visible sur Youtube (bande annonce).

bras pour s'en saisir. Le plus âgé crie et saisit la bouteille. L'autre crie aussi, se penche vers son voisin la bouche grande ouverte et mord son bras. Exclamation modérée de la mère, hors champ, que les enfants regardent. Ils pleurent tous les deux, le plus âgé lâche la bouteille, tape puis secoue vigoureusement son(sa) jeune agresseur. On entend le rire de l'adulte. Le grand cesse son geste et ses pleurs. Il reprend son activité. Pendant ce temps, la plus jeune sanglote, se jette en avant, l'image du désespoir ! On entend des paroles de la mère et l'enfant « désespérée » se redresse, se met debout et s'en va, sans pleurer, probablement vers le réconfort. Des deux enfants, c'est le « mordeur » le plus affecté (c'est le plus jeune aussi), mais rien de grave et le « mordu » s'en est très bien remis, par ses propres ressources. L'objet du litige n'a plus intéressé personne. Les regards des deux enfants se sont plusieurs fois portés vers le ou les adultes alentour ainsi que vers le cinéaste. On sent que ces bébés ont été « contenus » par ces présences. On sent aussi que ces échanges de procédés ne sont pas un drame.

Bien sûr, on ne laisse pas les enfants s'entre-dévorer ! Ne laissons pas proliférer ce type de relation, fréquent entre l'âge de la marche et celui de l'apparition du langage. N'en faisons pas non plus « une affaire d'État ». Apprenons, calmement et fermement, qu'il ne faut ni griffer, ni tirer les cheveux, ni cracher, ni mordre, bref, ne pas faire mal à autrui. Nous aidons ainsi l'enfant à passer de l'acte, du geste, à la parole.

« Oui, mais c'est les parents, ils veulent savoir qui a fait ça ! », dit le personnel, craignant d'être accusé d'un défaut de surveillance, faute majeure ! Cette inévitable et sempiternelle question doit être abordée dans les échanges avec les parents, en individuel ou en réunion et non dans le déchaînement émotionnel de l'événement. Il est important de ne pas passer sous silence cette étape fréquente dans l'apprentissage de la vie sociale des enfants car les parents sont souvent très perturbés quand ils découvrent que leur enfant est pris (auteur ou victime) dans ces échanges agressifs. La crèche en parlera à l'avance, sans dramatiser ni banaliser, dans une démarche de prévention des éventuelles réactions violentes des parents, ceux-ci risquant d'agresser à leur tour leur enfant s'il est l'auteur du méfait.

Beaucoup d'angoisse se déploie autour de la trace de la morsure. On focaliserait davantage sur cette trace visible que sur la personne de l'enfant ! Elle est la marque de la fragilité humaine et plus spécialement enfantine. Le corps de l'enfant n'est plus aussi « intact » ou « parfait » qu'avant et la douleur de la blessure semble affecter bien plus l'adulte que l'enfant, sur le corps duquel la trace a souvent disparu dans les heures qui ont suivi.

Les parents « qui veulent savoir qui a fait ça » ne seront pas renseignés. En effet, la crèche a un devoir de protection envers tous les enfants et ce n'est pas aux parents d'y faire justice ou loi. Il faut parfois beaucoup de fermeté de la part des accueillants et de la direction pour résister à la pression souvent agressive de ces parents stressés qui peuvent menacer « *d'aller plus loin* » ou « *plus haut* » ou encore « porter plainte », c'est-à-dire porter le scandale hors les murs. Non, le chemin n'est pas tranquille et on verra plus loin l'importance de la cohésion de l'équipe encadrante dont la mission essentielle est la protection de tous les enfants, même de ceux qui mordent, et les protéger de la violence des adultes. Il nous faut alors rassurer les enfants, mordeurs et mordus ensemble, tout en leur enseignant l'interdit, mais calmement.

L'enfant qui a mordu ne peut qu'être angoissé par l'ampleur des réactions des adultes et il en va de même pour l'enfant mordu. À chacun, il est important de signifier que c'est *l'acte* qui est répréhensible, ce n'est pas *la personne* qui est « mauvaise » !

Il faut dire aussi que certaines crèches sont moins atteintes que d'autres par les morsures. Il n'y a pas de fatalité au phénomène, mais au contraire, avec le déploiement d'un climat stimulant, correctement aménagé et bientraitant, on observe une nette diminution des actes agressifs.

Je n'élude pas la question de l'enfant coincé dans les actes agressifs, les morsures par exemple, de façon répétitive en pointant la valeur d'appel à l'aide que signalent ces conduites. J'en reparle plus loin.

Démolir est utile

Construire est un jeu, tout simple : la construction de cubes, briques, cartons, tout est bon ! Cet assemblage constructif est encouragé. En revanche, l'adulte se désole quand la construction est détruite avec les mains ou avec les pieds. Mais quelle joie de faire tomber ou d'envoyer en l'air des objets, surtout quand on n'a pas le droit d'envoyer en l'air des personnes ! Outre la jubilation de l'action, il faut reconnaître au plaisir de détruire son utilité : ainsi s'éprouve la réversibilité des actions – faire, défaire et recommencer –, de même que les lois du monde physique[85]. Plus simplement, constatez ce qui se passe et comment ça se passe quand on fait tomber un objet ou une construction est une expérience nécessaire. Là encore, ce qui est permis avec les objets ne l'est pas avec les personnes, mais cette différence n'est pas acquise d'emblée.

Sophie, 14 mois, pousse les petits, les fait tomber et sourit en le faisant. Nous lui signifions notre désapprobation et deux minutes après, elle recommence. « Est-ce qu'elle nous provoque ? », demande une accueillante. Non, elle expérimente, tout simplement, et elle aime vous faire réagir. N'apposons pas une

85. Sinclair H., Stambak M., Lézine I., Rayna S., Verba M., *Les Bébés et les choses ou la créativité du développement cognitif*, Paris, PUF, « Le psychologue », 1982.

intention agressive à ce geste, mais accompagnons cette enfant dans la découverte et le respect de l'autre. Elle apprend à ne pas faire mal à autrui ni à elle-même.

La différenciation entre soi et autrui est une lente construction. Que de fois observe-t-on le jeune enfant convoitant le jouet de l'autre et s'en désintéressant dès qu'il l'a obtenu. Une pensée magique anime cet enfant : si j'avais son jouet, je deviendrais peut-être lui, si fascinant ! Devenir soi-même et pas un(e) autre est le fruit d'une élaboration qui mûrit pendant les trois premières années. Nous constatons l'aboutissement de cette phase quand l'enfant s'affirme par un « moi, je » et qu'il se nomme par son prénom. La jeune Sophie en est encore loin, elle ne nous provoque pas, la provocation étant une action mentale trop élaborée pour son âge. D. W. Winnicott[86] ne situe pas avant 5 ans l'âge où l'enfant peut éprouver honte, culpabilité et faire de la provocation. C'est aussi à cet âge que les tenants de la « Théorie de l'esprit »[87] situent cette capacité à comprendre que l'autre peut avoir des intentions, des croyances, des désirs, bref des pensées différentes des siennes propres. D'abord discerner, puis comprendre sont des opérations mentales qui s'acquièrent très progressivement. Ne mettons donc pas une intention agressive aux gestes de Sophie, mais accompagnons-la dans la découverte et le respect de l'autre. Ceci passe par l'expérimentation. Le bébé est actif (pour évoquer le joli titre de Monique Pinol-Douriez[88]). Nous le laissons assembler, mais aussi émietter, déchirer ou briser ce qui s'y prête. Ce ne sont pas des destructions agressives mais au contraire, des expériences enrichissantes. Ces découvertes sont aussi conduites avec les pairs, ceux-ci sont des collègues d'expériences ! Ils deviennent rapidement des partenaires[89] : ils se

86. Winncott D. W., *Agressivité, culpabilité et réparation, op. cit.*, trad. 1994, Paris, Payot, 107, 1984.
87. Thommen É., Rimbert G., *L'enfant et les connaissances sur autrui,* Paris, Belin Sup, 2005.
88. Pinol-Douriez M., *Bébé agi-Bébé actif, l'émergence du symbole dans l'économie interactionnelle*, Paris, PUF, « Le fil rouge », 1984.
89. Stambak M. et coll., *Les bébés entre eux. Découvrir, jouer, inventer ensemble*, Paris, PUF, 1983.

cherchent, s'invitent, s'incitent à telle ou telle action, s'imitent, innovent, s'aident, poursuivent un projet, se touchent, se tapent, rient, râlent, s'éloignent, reviennent, collaborent, babillent, une vraie vie sociale en somme ! On a ignoré ces interactions, refusé de les voir pendant des années, on disait que les enfants en crèche ne jouaient pas entre eux. On n'y avait pas regardé d'assez près...

Il est aussi des destructions qui sont malheureuses, l'expression d'un ennui, d'une détresse ou pire, d'un « fracas » selon le terme de Boris Cyrulnik[90]. C'est l'errance sans but de l'enfant dans un environnement peu stimulant, ou préoccupé par des soucis intérieurs ou des conflits familiaux. Des conduites agressives soulagent ce vide intérieur. Elles sont interprétées comme des actes négatifs, des destructions systématiques, des attaques d'autrui qui paraissent volontaires et ne le sont pas, dans la mesure où l'enfant ne peut avoir conscience de ce qui le tourmente intérieurement. L'aspect répétitif de ces conduites doit nous alerter comme des signaux de détresse. L'enfant s'enferre dans ce que Denis Mellier[91] a nommé « la relation privilégiée négative ». C'est une relation négative, certes, mais préférable à une absence de relation. Sortir de cette relation négative demande beaucoup d'attention bienveillante de la part de l'adulte. Celui-ci doit aider l'enfant à valoriser ce qu'il y a de positif dans ses potentialités, et il y en a forcément ! Cela passe par l'observation soigneuse, contenante de cet enfant, pour trouver ce qu'il aime faire de constructif, ce qui le sortira de l'étiquette négative qui lui colle à la peau. Référons-nous à « l'effet Pygmalion[92] », celui qui prouve que la personne stigmatisée a de grandes tendances à se conformer à ce qu'on dit d'elle. Qualifier un enfant de « méchant » peut le rendre effectivement « méchant ».

90. Cyrulnik B., *Mourir de dire. La honte*, Paris, Odile Jacob, 2010.
91. Mellier D., *L'inconscient à la crèche. Dynamique des équipes et accueil des bébés*, Toulouse, Érès, 2004.
92. Rosenthal R., Jacobson L., *Pygmalion à l'école*, trad. 1971, Paris, Casterman, 1968.

Les professionnels peuvent supposer que la famille d'un enfant est perturbée, ou même « toxique ». La crèche tentera d'en faire abstraction pour s'occuper de la qualité de la journée ou des quelques heures passées avec cet enfant en son sein. Ce temps, même bref, est tout bénéfice pour l'enfant qui peut alors éprouver qu'il existe d'autres façons d'être en relation, que le conflit n'est pas l'unique moyen de communiquer, que l'attaque n'est pas toujours nécessaire. Un accueil de qualité est dû à ces enfants dont le milieu familial est difficile. Dans l'ignorance de ce qui se joue à l'extérieur de la crèche, c'est à tous les enfants que la qualité est due, car parfois la détresse est invisible en dehors de l'intimité familiale.

À la crèche, nous éviterons autant que possible les situations anxiogènes, créatrices d'angoisse et par conséquent de possibles conduites agressives. Ce sont toutes celles où l'on se sent en danger, à tort ou à raison, celles où l'on perd espoir en la vie. Outre les situations d'ennui et d'inaction, celles de surnombre et de promiscuité sont particulièrement sensibles en crèche.

Nous avons vu que la frontière entre moi et l'autre est fragile et cependant capitale. Si l'espace de sécurité intime est franchi, il faut s'attendre à des réactions de protestation, de fuite ou d'attaque. Nous le constatons dans les rassemblements de petits pour écouter une histoire ou voir un spectacle, par exemple. Que de temps pour trouver sa place ! Combien de pleurs ou de morsures sont possibles alors ! Trouver sa place dans le groupe est une tâche difficile pour le jeune enfant, vite débordé par le nombre de ses congénères. Ainsi, aider chacun à se faire une place, c'est reconnaître l'individualité de chaque enfant, lui donner le statut de personne à respecter. Cela devient difficile, et presque impossible, quand on augmente le nombre d'enfants dans les structures existantes comme il est, hélas, préconisé actuellement. Il faut « faire du chiffre » et cet objectif s'accompagne d'une baisse de qualification du personnel, c'est ainsi la qualité de l'accueil qui est mise en danger. Le surnombre nuit gravement à la santé mentale des petits et des grands !

Parlons maintenant du climat général, de l'ambiance du lieu et de la façon dont chaque adulte traite l'autre. L'imitation constitue un moyen d'apprentissage de la vie. L'enfant fait comme il voit faire, avant de faire comme on lui dit.

L'agressivité des adultes : un modèle ?

Considérons tout d'abord l'agressivité des parents. Nous distinguerons deux sortes de conduites agressives : l'involontaire et la délibérée. « Involontaire » n'est peut-être pas le meilleur adjectif pour qualifier des tempêtes familiales auxquelles l'enfant est parfois mêlé et qu'il subit. L'enfant témoin de violences conjugales ou familiales est terrorisé. Ce parent qui agresse perd son pouvoir de protection. Par son immaturité et son égocentrisme, l'enfant se sent essentiellement coupable de ces violences. Confronté à l'acte le plus primitif qui soit, celui de donner des coups, l'enfant est comme pétrifié selon Maurice Berger[93]. Il est dans l'indifférenciation entre soi et son parent, il est dans l'incapacité créative, il ne joue pas. Il subit une maltraitance (même s'il n'en est pas la victime directe) d'autant plus néfaste qu'elle est précoce.

Il n'est pas dans la mission de la crèche d'aider la famille en de telles difficultés, sauf à procurer aux plus fragiles de ses membres un lieu d'accueil, un abri, un lieu d'éveil où existent des relations suffisamment bienveillantes pour les distraire et les intéresser dans la voie de l'autonomie, comme évoqué plus haut.

93. Berger M., Notes personnelles prises au cours de sa communication, « La violence extrême », au 3e colloque parisien de Psychologie et Psychopathologie de l'enfant, *Aux sources de la violence*, 2009.

L'autre forme d'agressivité parentale est celle que j'ai qualifiée de « délibérée ». C'est l'éducation confondue avec le dressage. Le fameux « c'est pour ton bien » d'Alice Miller[94] analyse cette pratique surannée et nocive. C'est l'utilisation de la force physique comme méthode éducative : « une bonne fessée n'a jamais fait de mal, la preuve… » Quel est le critère pour évaluer la « qualité » de la fessée ? Personne n'a jamais donné de « mauvaise » fessée ? Il y aurait des petites tapes (inefficaces ?) et des bonnes fessées et à l'inverse, les mauvaises tapes (gifles, secousses, oreilles pincées, etc.) et les mauvaises fessées ? Où place-t-on la limite entre le tolérable et la maltraitance ? « L'impossibilité de fixer un critère pour établir la différence entre l'admissible et l'inadmissible nous a conduits à prôner l'abstention totale : le recours à toute tape, fessée, secousse ou tout geste brutal envers un être plus faible (enfant, personne âgée ou handicapée) est interdit aux professionnels de l'accueil. L'article 19 de la Convention relative aux Droits de l'Enfant, voté le 20 novembre 1989 par les Nations Unies, demande à tous les états de protéger l'enfant "contre toute forme de violence". Cette convention précise bien que les états doivent prendre des mesures pour interdire non seulement la maltraitance passible des tribunaux, mais aussi les châtiments corporels les plus courants, fessées, gifles, tapes. L'usage du châtiment corporel est donc interdit à tout un chacun. De plus en plus de pays l'interdisent effectivement et le sanctionnent. Mais ce qui se passe dans l'intimité des foyers reste bien caché et se reflète dans ce dicton tragique : "Frapper un animal s'appelle cruauté. Frapper un adulte s'appelle agression. Frapper un enfant s'appelle éducation" »[95]

Du côté des professionnels de l'accueil, les choses sont différentes. Il est important de savoir que le travail en petite enfance nous confronte quotidiennement à une période de notre vie très

94. Miller A., *C'est pour ton bien. Racines de la violence dans l'éducation de l'enfant,* Paris, Aubier, 1998.
95. Léonard-Mallaval M., *Op. cit.*, 109.

archaïque, celles où nos émotions infantiles sont toujours actives sans que nous en ayons conscience. Dès 1950, le psychanalyste E. Erikson[96] a parlé de l'enfance en ces termes : « Le propre de l'homme est d'avoir une longue enfance et de l'homme civilisé est d'avoir une enfance toujours plus longue. Cette longue préparation fait de l'homme un virtuose technique et mental, mais elle lui lègue aussi pour la vie un résidu d'immaturité émotionnelle ». Il n'est pas rare que ce « résidu d'immaturité émotionnelle » resurgisse quand on travaille dans le domaine de la petite enfance. Ainsi, les manifestations d'agressivité peuvent être facilement contagieuses et soulever en nous une révolte ou une colère à l'unisson de celle de l'enfant. Celui-ci, au lieu d'être rassuré ou apaisé, va renchérir dans le même registre et l'issue n'adviendra que par la violence du plus fort et/ou l'exclusion du plus faible. Or n'oublions pas qu'être adulte suppose un minimum de maîtrise de nos pulsions et être adulte professionnel de l'accueil du jeune enfant suppose qu'on ne s'identifie pas outre mesure à ce jeune enfant !

Néanmoins, il est des situations où l'exaspération est telle qu'il faut une aide pour ne pas céder à la violence réactionnelle. Ce n'est pas un constat d'incompétence que d'avoir recours à un ou une collègue pour arrêter une escalade douloureuse et stérile.

Une réponse collective : la ressource de l'équipe

La crèche est un établissement où une équipe travaille en commun. Dans celle-ci, les relations agressives entre collègues se répercutent sur les enfants, c'est clair ! Il est indispensable de s'entendre un minimum, de penser ensemble[97] dans le respect mutuel des différences de sensibilités et de formations. Puéricul-

96. Erikson E., *Op. cit.*
97. Breauté M., Rayna S., *Jouer et connaître chez les tout-petits : des pratiques éducatives nouvelles pour la petite enfance*, Paris, INRP/Mairie de Paris, 1995.

trices, éducateurs (éducatrices) de jeunes enfants, auxiliaires de puériculture, agents de services, tout(e)s font vivre cette ruche au maximum de leurs compétences, enrichies par les apports des formations continues et des intervenants extérieurs dont le psychologue fait partie.

Un temps de mise en commun des expériences et des suggestions doit faire partie du temps de travail, pour éviter routine et dérive maltraitante des petits et des grands. Ce temps n'est pas facultatif, mais une obligation professionnelle pour la vie et la créativité de l'équipe éducative. Car il s'agit bien d'une équipe éducative. Irène Lézine[98], a été la première à mentionner l'importance de la pédagogie à la crèche, et ce, dès l'après-guerre, pointant ainsi le premier âge comme phase déterminante du développement de l'enfant. Non, savoir « changer les couches » ne suffit pas !

L'équipe éducative, donc, doit penser ensemble et mettre en œuvre la qualité de l'accueil. La pratique de l'observation[99] est un outil précieux pour analyser et remédier aux situations délicates. Elle ne s'improvise pas et répond à une question posée par telle ou telle équipe qui a travaillé sur sa problématique. La vidéo permet d'apprendre à voir et, grâce aux retours sur image, elle aide à l'analyse. L'outil vidéo permet de décoder des situations où l'œil n'a pas perçu la finesse des échanges entre les enfants ou avec les adultes. Il est indispensable de voir les problèmes qui se posent aux enfants par l'aménagement de l'espace, par exemple, ainsi que les problèmes que les enfants se posent, comment ils les résolvent en collaborant souvent les uns avec les autres, ce que l'on a longtemps ignoré. Un autre regard est porté et travaillé sur les

98. Lézine I., *Psychopédagogie du premier âge*, Paris, PUF, « Sup », 1964.
99. Pratiquée depuis des années par de nombreux chercheurs en petite enfance. Voir, par exemple, les travaux du CRESAS ainsi que ceux d'Anne-Marie Fontaine, dont, *L'observation professionnelle des jeunes enfants*, Savigny-sur-Orge, Philippe Duval, 2011.

questions que se pose l'équipe. Les commentaires des personnels impliqués dans ce processus sont précieux : « On se sent épaulés, pas jugés ». Ainsi, l'observation permet de progresser dans la voie de la bientraitance, par l'attention portée aux enfants et à leurs familles, mais aussi à celle des accueillants. C'est une réponse, « un soin » d'après Denis Mellier[100].

L'agressivité à la crèche n'est pas un épiphénomène gênant dont on se passerait bien. Sa gestion découle de l'organisation de la vie de la crèche. Quelles sont les valeurs éducatives qui la soustendent ? Quelle sorte de vie sociale propose-t-on à nos enfants ? La question est travaillée dans le projet éducatif de chaque établissement, en collaboration, avec les familles, comme les textes le préconisent. Mais la question est aussi sociétale, les enfants, les familles et les accueillants sont inclus dans une société dont la culture, qu'on y adhère ou pas, se diffuse largement.

Je ne saurais finir, revenant au niveau psychologique de mon propos, sans insister sur l'importance du regard et de la parole. Le regard permet de faire attention, d'être attentif et attentionné. Nous pouvons entrer en relation avec un enfant par le regard à l'autre extrémité de la salle de crèche. Il peut parfois suffire à le conforter. La parole, car l'autre, même s'il ne parle pas, a besoin qu'on lui parle et qu'on l'écoute pour vivre. Exister parmi les autres n'est, certes, pas facile, mais exister sans les autres est impossible. Toute la richesse des échanges se déploie à la crèche, immense est la ferveur des enfants, stimulante est notre responsabilité.

---

100. Mellier D., *Observer un bébé : un soin,* Ramonville-Saint-Agne, Érès, « 1001 BB » 39, 2001.

Chapitre IX

Ces violences qu'on ne voit plus

Jean Epstein

La lutte contre les violences insidieuses sous toutes leurs formes a été, depuis longtemps déjà, parfaitement décrite à l'aune du concept de « bientraitance », imaginé et porté par de multiples professionnels de l'enfance, au rang desquels une remarquable psychologue, Danielle Rapoport[101] qui, dès le début des années 1970, militait pour la qualité de l'accueil des enfants en collectivité (crèches, pouponnières, etc.).

Sous couvert de stimulation, d'éveil… on contraint parfois les enfants à faire des choses pour lesquelles ils ne sont pas encore prêts. Ne pas respecter leur rythme constitue ainsi une première forme de maltraitance. Voyons les multiples formes de la maltraitance et les facteurs qui la favorisent.

Personnellement, travaillant dans le champ de ce qu'il est convenu de nommer la « recherche-action », j'ai très vite compris que ces violences insidieuses trouvaient en grande partie leur source dans l'impressionnant fossé se creusant entre la recherche et l'action. Je fais allusion au décalage flagrant entre tout ce qu'on sait, aujourd'hui, sur les besoins et les compétences des enfants, tant dans le domaine de la chronobiologie, des neurosciences, des acquisitions cognitives, etc., et le peu de cas qui en est fait, trop

101. Rapoport D., *La bien-traitance envers l'enfant, Des racines et des ailes*, Paris, Belin, 2006.

souvent, dans les pratiques. Ces dernières étant de plus en plus influencées par ce qu'on pourrait appeler « les moules », à savoir : à tel âge, un gamin doit avoir acquis telle compétence ; plus il fait d'activités, plus il apprend, etc. D'où la course à l'activisme, à la sur-stimulation, à la comparaison entre enfants, avec le risque de stigmatiser (pour son bien ?) celui qui semble « en retard » sur les autres !

Pourtant, nous savons parfaitement que chaque enfant se développe à son rythme (rythme de vie, rythme d'apprentissages) et que, en toute normalité, des écarts considérables existent de l'un à l'autre, ce qui, en soi, devrait rassurer les professionnels et les parents pour les conduire à respecter chaque loupiot (et à le valoriser) à travers ce qu'il est.

Malheureusement, négligeant trop fréquemment ce type de données (et au nom du prétendu intérêt de la précocité), on voit aisément à quelle vitesse, et en toute honnêteté, la ligne blanche peut être franchie par les professionnels entre la bientraitance et les violences insidieuses, parfois et même souvent, sous l'impulsion de parents. Comment, par exemple, répondre à cette maman qui déclare au personnel de la crèche : « Débrouillez-vous comme vous voulez, je veux qu'il soit propre à 2 ans pour entrer tôt à la maternelle ! » ou encore « Empêchez-le de dormir à midi, on le mettra au lit plus tôt ce soir ! »

Ainsi, lutter au jour le jour contre ces violences insidieuses suppose à la fois de les avoir sans cesse présentes à l'esprit, c'est-à-dire d'en être conscients, et de disposer d'arguments tangibles pour ne pas succomber à des exigences soi-disant « éducatives », parfois pressantes, intempestives et le plus souvent absurdes.

En un mot, de ne surtout pas oublier que la bientraitance, à l'inverse de sa dénomination, n'est pas le contraire de la maltraitance, elle est avant tout sous-tendue par le respect de chaque enfant dans son unicité et la valorisation de ses compétences, quels que soient leur rythme d'apparition et leur domaine.

Mais soyons plus précis ! Dans les essentiels des pratiques d'accueil en collectivité, comment s'illustrent concrètement ces violences insidieuses ? Vouloir en dresser une liste exhaustive serait plus qu'ambitieux et surréaliste, un livre n'y suffirait pas ! Toutefois, en utilisant quelques anecdotes à titre d'exemples, essayons de les illustrer sous cinq éclairages distincts :

- les sur-stimulations,
- le collectivisme,
- les sections,
- les mots pour le dire,
- le climat au sein de l'équipe.

Les sur-stimulations

Ayant longtemps étudié les phénomènes de violences chez les adolescents, j'ai été très vite confronté à plusieurs constats mettant en cause, notamment, l'incapacité de gérer le temps libre. Avec ces adolescents violents, le dialogue était souvent du type :

- « Pourquoi casses-tu ? »
- « Parce que je m'ennuie ! »
- « Pourquoi t'ennuies-tu ? »
- « Parce qu'il n'y a rien pour nous ! »
- « Qu'est-ce que tu voudrais ? »
- « … Je ne sais pas ! »

En clair, ces jeunes ne savaient pas occuper leur temps libre et cela, fréquemment, pour deux raisons contradictoires. Soit parce qu'ils n'avaient jamais eu de « temps captif », c'est-à-dire d'obligations temporelles : aller au lit à telle heure, rester assis à table jusqu'à la fin du repas, être régulièrement scolarisé, etc. Ainsi, dans ces cas, on peut nommer « violences insidieuses » le fait de ne pas imposer à un enfant un rythme de vie compatible avec la vie sociale. Mais, à l'inverse, on retrouvait les mêmes problèmes chez des enfants qui, eux, n'avaient jamais eu de temps libre et, tant à la maison qu'à la crèche, s'étaient vu infliger des journées entières d'activités.

8 à 9 heure : collage de gommettes ou collier de nouilles (c'est en atelier !)

9 à 10 heure : psychomotricité

10 à 11 heure : éveil à la musique

11 heure 30 : repas

12 heure 30 : sieste

14 heure 30 : mur d'escalade, etc.

Le père ou la mère venant les récupérer à 17 heure en disant : « vite ! C'est l'heure du poney et après, solfège, car demain il y a piano. »

Je force bien sûr le trait en évoquant un tel emploi du temps, mais n'est-il pas pour autant indispensable de comprendre, y compris en collectivité, l'importance de laisser un enfant s'ennuyer et trouver par lui-même les moyens de s'en sortir ? On ne dira jamais assez l'intérêt des « inactivités d'éveil ». Mais bien sûr, pas à plein temps !

Cela dit, bien que facile à évoquer, une telle démarche n'est pas toujours aisée à mettre en pratique sur le terrain, car si l'on ne fait pas faire des activités aux enfants, les adultes qui nous entourent (parents et professionnels) vont penser qu'on ne travaille pas !

D'où l'éventuelle naissance de violences insidieuses générées par le regard des autres, la peur d'être jugé.

Le collectivisme

Nous savons tous que chaque enfant possède son propre rythme de vie : il y a des petits dormeurs, de grands dormeurs, des lève-tôt, des lève-tard (et même parfois des lève-tôt dans des familles de lève-tard, y compris le dimanche !), des enfants qui ont besoin des temps de sieste très différents à des horaires variables, etc.

Ainsi, pour ne prendre que cet exemple afin d'illustrer les éventuelles violences insidieuses liées au collectivisme, il va de soi que, pour les prévenir, l'espace doit être aménagé à plein temps afin de permettre à des enfants de jouer pendant que d'autres dorment et inversement. Ce qui suppose à la fois de considérer le sommeil des gamins comme un élément capital de leur développement, et d'aménager la collectivité pour aller dans ce sens. Cette démarche, d'ailleurs, est rendue encore plus essentielle par la pratique du multiaccueil !

L'organisation des sections

Si, dans les crèches, il y avait une structure idéale (sections, « petites familles », etc.), cela se saurait. Par contre, là encore, du fait de la diversité des rythmes de développement dans la durée, propre à chaque loupiot, on peut, sans trop se tromper, prétendre que des sections trop hermétiques (bébés, moyens, grands), ne regroupant ensemble, au sein d'un même espace, que des enfants de tel âge à tel âge, risqueraient d'induire, pour certains, ces violences insidieuses. À ce propos, plutôt que développer un discours théorique, évoquons un exemple très concret.

Il y a quelque temps, je passais la journée dans une crèche, au sein de la section dite des « moyens », c'est-à-dire des enfants âgés de 1 à 2 ans, qui n'acceptant pas encore facilement de partager leurs jeux avec les autres, et sont le plus souvent en conflit avec leur entourage.

Mon observation dans cette structure portait sur le thème de « l'agressivité en crèche ». Très vite, un enfant a été désigné par la directrice comme étant l'un des plus violents du groupe, « c'est un asocial » m'avait-elle dit ! Il se prénommait Hugo et avait 18 mois, ce qui, à la fois, justifiait sa place « chez les moyens » et supposait son « passage chez les grands » d'ici six à sept mois, selon les « arrivages ».

Au cours de la matinée, j'ai été témoin de la scène suivante : une quinzaine d'enfants dans la salle de jeu, deux auxiliaires de puériculture en pleine action, et, au sol, une foule de jouets dont beaucoup d'instruments de musique. Hugo saisit une flûte et commence à en jouer. Arrive vers lui une petite gamine du même âge qui la lui arrache des mains. Mais cela ne déclenche aucune réaction agressive de notre « asocial ». Hugo s'accroupit et saisit une autre flûte. Réapparition de la même loupiote qui, de nouveau, lui subtilise la deuxième. À ce moment, Hugo s'avère être sans doute le plus socialisé du groupe. Mais une idée germe en son esprit : il invente le duo ! Il prend deux flûtes, se dirige vers son adversaire potentielle, et lui en tend une pour partager leur jeu ! Lui, visiblement, est prêt à cet arrangement, mais pas la gamine ! *Illico*, elle lui pique les deux flûtes d'un coup !

Là, c'en est trop ! Hugo « pique » un coup de sang et saisissant une baguette en bois, lui donne un coup sur la tête (vengeance bien légitime !). Et, à ce moment, une des auxiliaires se retourne et crie, en le désignant : « C'est encore lui ! Mais qu'est-ce qu'il a dans la peau ? » Réaction normale de la part de la professionnelle, car il est très difficile d'observer réellement ce qui se passe (depuis le début) entre des enfants lorsqu'on est en action au milieu d'eux. Rassurez-vous, l'histoire de Hugo finit bien !

Vu que ce prétendu « asocial » s'était avéré l'inverse, son passage chez les « grands » a été immédiatement effectué et dès qu'il s'est retrouvé, malgré son jeune âge, avec des partenaires prêts à jouer avec lui, tout s'est arrangé !

Les mots pour le dire

J'ai la chance d'avoir pour ami un très grand monsieur nommé Bernard Martino, réalisateur (entre autres) d'un reportage télévisé ayant pour titre *Bébé est une personne*. Ce film est loin d'être récent (il date de 1984 !) mais, régulièrement, je lui confie que je ne suis pas certain que tous ses propos, tenus il y a vingt-sept ans, soient pleinement intégrés, notamment pour ce qui est des capacités de compréhension des bébés.

Un exemple : il m'arrive d'être présent au sein de certaines structures collectives et d'entendre des professionnel(le)s échanger des propos plutôt disqualifiants concernant les parents des tout-petits qui jouent autour d'elles. Partant visiblement du principe qu'ils ne peuvent pas comprendre ce qui est en train d'être dit. Or, lorsqu'on regarde attentivement les gamins en question, il est visible qu'ils se montrent extrêmement attentifs à ce qui est en train d'être évoqué à leurs propos.

Le climat au sein de l'équipe

Pour être bien traitant, il faut être bien traité ! Un livre entier ne suffirait pas pour aborder tous les points qui doivent être réglés afin d'instaurer, au sein d'une équipe, un climat serein et confiant, indispensable à la lutte contre les violences insidieuses, y compris vis-à-vis des enfants.

Parmi des dizaines d'aspects, retenons-en quelques-uns. Tous trouvent leur point de ralliement autour d'une notion, celle d'« ergonomie », terme désignant la nécessaire adaptation des conditions de travail à la conformation des êtres humains. Dans le domaine de la petite enfance, cette science prend en compte trois types de charges de travail : les charges physiques, les charges nerveuses et les charges mentales.

Les charges physiques

Les professionnels de la petite enfance figurent dans les premiers rangs des arrêts de travail pour « mal de dos ». Cela n'a rien d'étonnant, car ils sont quotidiennement appelés à soulever des charges relativement lourdes (les enfants) dans des positions physiques plus ou moins inconfortables.

Il en va de même pour ce qui est de l'aménagement de l'espace : vivre pour des adultes dans une maison lilliputienne n'a rien d'idéal, d'où l'intérêt de repenser les collectivités en prenant également en compte le confort physique du personnel.

Les charges nerveuses

Elles sont, là aussi, multiples. Par exemple : le bruit. Dans certaines structures, faute d'une insonorisation suffisante, les décibels ambiants sont simultanément très agressifs tant pour les adultes que pour les enfants, et peuvent induire beaucoup d'agressivité.

Les charges mentales

Le simple fait d'avoir la responsabilité d'un groupe d'enfants constitue une lourde charge, souvent amplifiée par la déferlante sécuritaire (risque zéro), pouvant conduire certains parents à réagir de manière excessive à la moindre bosse ou morsure.

Mais, au-delà de ce constat, afin de prévenir ces charges mentales, l'urgence est de travailler la communication au sein de l'équipe, ce qui suppose d'avoir le temps de se réunir, tous ensemble, sans les enfants, ne serait-ce que pour s'accorder sur le sens des mots. Que veulent dire, par exemple, pour chaque membre de l'équipe, les mots « hygiène », « autonomie », « sécurité », etc. ?

A priori, faute d'en avoir parlé, tout le monde semble d'accord, mais, quand on prend le temps d'échanger, cela devient moins certain. Ainsi, la notion de sécurité pour une personne plutôt sportive va signifier : apprendre à l'enfant à maîtriser des risques calculés. Par contre, pour une autre du genre inquiet, ce même mot voudra dire : éliminer tout danger. L'une sera de ce fait partisane du « mur d'escalade », tandis que la seconde veillera à éloigner un quelconque danger potentiel. Faute d'avoir clairement évoqué leur point de vue, et, de ce fait, défini clairement le rôle éducatif de chacun dans l'équipe, si ces deux professionnels sont appelés à travailler ensemble dans le même espace, nous n'avons plus deux collègues, mais une « coincée » et une « inconsciente ». Cela, produisant souvent suffisamment d'« électricité dans l'air », peut déclencher vis-à-vis des loupiots d'insidieuses violences.

Thème infini, qui comme nous venons de le voir, suppose de notre part un maximum de vigilance pour ne pas pratiquer de violences insidieuses à notre insu !

Chapitre X

S'occuper de jeunes enfants : une richesse pour tous

Sylviane Giampino

Les pratiques d'accueil de la petite enfance sont un sujet de fonds et d'actualité sur lequel notre pays faisait figure d'exemple dans les années 1980, mais s'est trouvé bousculé par les réglementations récentes. Le décret régissant les modes d'accueil de juin 2010 accolé aux dérives de la directive européenne services, soulève autant de problèmes sur la qualité de l'accueil qu'il se proposait d'en résoudre sur la quantité. Tant le thème de la garde des enfants, est une quadrature d'un cercle, une valse décalée à quatre-temps :

- la *dimension psychologique* du développement de l'enfant, des processus complexes d'individuation/ séparation/socialisation...
- la *dimension sociologique* de prise en compte des besoins des familles et des modes de vie ;
- la *dimension politique* des articulations entre famille et travail, et de l'égalité homme-femme dans la sphère familiale et dans la sphère professionnelle (il y aurait beaucoup à dire sur cette question de l'égalité homme-femme dans les métiers de la petite enfance) ;
- enfin, la *dimension d'éducation* qui oriente des choix en matière d'accueil du jeune enfant, tantôt sur le versant de l'opérationnel (ratio statistique besoin/solutions), tantôt sur le projet à long terme et les valeurs à transmettre.

Dans ce collectif consacré aux essentiels de l'accueil, chaque spécialiste et praticien saura définir ses concepts clés et ses conditions nécessaires. Tous trouvent leur place dans les indispensables outils que sont les projets de services, les projets éducatifs, sociaux, psychologiques, médico-pédagogiques, et autres référentiels étayant les pratiques. Quelle est l'ambition de ses projets ? Ils peuvent inspirer à l'éveil, la créativité, la découverte de l'autre et du monde pour les bébés. Mais de plus en plus entre les lignes se glisse une visée d'adaptation sociale des enfants, de conformisme comportemental, de précocité des acquisitions : des enfants sages et performants… S'infiltre dans notre domaine le langage de l'économique et de l'entreprise : actions, programmes opérationnels et chiffrage (on parle moins de bébés, de rôles, de places de temps, mais plus de taux d'occupation, de pourcentages, de ratios horaire. La philosophie de « l'audit » et du « management des ressources humaines » désynchronisent les personnes proches des enfants et ceux qui orientent les services. À l'infantilisation des familles répond l'acculturation des métiers. Les connaissances des professionnels de l'accueil des jeunes enfants sont issues de corpus théoriques variés : la psychanalyse, la psychologie, la pédagogie, la sociologie, la culture,etc. Il est nécessaire à l'intelligence de leur métier d'en reconnaître l'histoire et les idéologies sous-jacentes. Prenons l'exemple des pratiques en crèche comme la personne de référence, ou l'adaptation : depuis la découverte de l'hospitalisme et des ravages de la carence affective, nous sommes alertés sur les risques d'une séparation brutale, muette, non accompagnée d'avec l'environnement familial. Encore faut-il distinguer la carence affective et la carence maternelle, à distinguer aussi des angoisses de séparation. Si nous employons le terme de « manque de la mère » sans discernement, si nous relions les difficultés des bébés toujours d'abord à la relation mère-enfant, nous véhiculons une représentation idéologique du materno-centrage. Et les phrases comme : « plus l'enfant est petit, plus cette question concerne les femmes, plus c'est la mère dont il a besoin », renforcent des modèles traditionnels que trop de psychologues ont nourris, suivis par les pédiatres et aujourd'hui, tous les autres. À porter tant l'accent sur les relations précoces mère-enfant, à la suite de Françoise Dolto, ou de Donald Woods Winnicott, qui parle de « la préoccupation maternelle primaire »[102], nous avons parfois occulté que pour qu'une femme développe ses capacités maternelles elle ne saurait le faire seule. Entrent en action son lien à son homme, ses origines, son histoire, les soutiens et lâchages des familles, des soignants, le mode de vie, de travail. C'est ce qui fait que l'équilibre d'un bébé est un sujet de couple et de société. Ce qui est essentiel au petit humain, c'est d'avoir ce que je nomme son « grand proche » : un adulte responsable, capable de se mettre dans un état de vibration psycho-sensorielle, dans un système de communication très fin et poreux. Plus l'enfant est jeune, plus celui que j'appelle « le grand proche » de l'enfant est vital, c'est « l'effet-mère ». Généralement, la mère occupe cette place, mais cela peut différer quand celle-ci est en incapacité. Il est possible de travailler avec la mère, de la soutenir et de l'accompagner, mais aussi de la relayer momentanément. En première intention le père. Les pères sont d'ailleurs plus souvent présents pour leurs bébés. Soyons réalistes, aujourd'hui, les femmes ne sont plus les mères d'il y a 50 ans et les hommes plus les pères d'il y a 50 ans. Et ce, même si nous constatons des écarts entre les discours, les désirs et les réalités du quotidien. Aujourd'hui, les grands mythes théoriques doivent se réajuster à la lumière des transformations des formes de vie et de liens.

Ainsi, que font les professionnels en accueillant des enfants dans cette cartographie sociale et politique ? Nous savons que les enfants sont tributaires de l'élan des adultes qui les entourent, les portent ou devraient les porter, vers le monde extérieur et vers

---

102. D. W. Winnicott, « la préoccupation maternelle primaire », *in De la pédiatrie à la psychanalyse*, Paris, Payot, 1969.

l'avenir ; que parmi ces adultes, la famille joue un rôle crucial. Notons que cela est confirmé sociologiquement : la famille est présente dans les sondages comme la valeur première des Français. Qu'elle soit composée, recomposée ou décomposée, elle se structure sur des attentes relationnelles fortes. Or, nous constatons, de plus en plus, qu'elle est fragilisée par l'inquiétude. Elle se veut protectrice, bonne, sécurisante, idéalisée et par conséquent repliée sur elle-même au détriment parfois de sa fonction socialisante. Elle protège l'enfant, par peur, oubliant de l'ouvrir au monde. Cette idéalisation de la famille pervertit le sens du grandir de l'enfant. Une saine dés-idéalisation est nécessaire à l'individuation, à l'autonomie : « Maman, n'est pas la plus belle de toutes », « Papa, n'est pas le plus fort ! » L'enfant a autant besoin d'idéaliser la société, le groupe, les copains que de se rêver un avenir et de l'espérer.

Nos enfants grandissent dans un monde très contradictoire. Ils sont observés, mesurés, calibrés, évalués… Les professionnels sont abreuvés d'enseignements sur les étapes visibles du développement de l'enfant au détriment des mécanismes sous-jacents, plus inconscients. La quête de repères tangibles est l'une des entrées vers la normalisation et le formatage quand on devient pointilleux sur les écarts à la norme : « Tiens, il n'est pas tout à fait comme il devrait être. » C'est ainsi que des dérives se produisent en France (je vous renvoie aux travaux du collectif *Pas de 0 de conduite).* Soyons alertés que les attentes trop précoces d'enfants socialisés et normés ont des effets anxiogènes sur les enfants et culpabilisateurs sur les adultes qui les entourent, chacun étant sous la sommation de bien faire. Mais de quel « bien faire » s'agit-il ici ? Est-ce faire toujours plus vite, et toujours plus tôt ? À quoi correspond cette pression, sorte de passion concomitante entre sécurité et rapidité ? En quoi les apprentissages précoces sont la garantie qu'un enfant va bien, qu'il est intelligent et que nous sommes de bons parents et de bons professionnels ?

Nous pouvons toujours presser les acquisitions cognitives, à la limite presser légèrement certaines acquisitions motrices, mais nous ne pouvons pas compresser le développement psycho-affectif de l'enfant. Le stade de la conscience de soi, de la conscience de l'autre, la question du « qui suis-je ? », le « d'où je viens ? » se bloquent sous la pression du faire. À forcer, à précipiter les enfants dans les sphères sur lesquelles nous possédons une forme d'action, de maîtrise, comme le cognitif ou le comportemental, nous créons des dysharmonies, des dysynchronies chez certains d'entre eux. Tels ces enfants qui nous surprennent par la maturité de leur langage, ou par leur capacité de compréhension. Il est vrai que les bénéfices sont visibles depuis que nous parlons aux bébés. Ils nous épatent, vont très vite, savent plein de choses. Mais s'il advient que leurs lettres soient à l'envers, leurs gestes gauchis, leurs activités trop cadencées, alors, en réponse à leurs appels, certains lancent des plans ORSEC : dépistages de troubles du comportement, de « dys » en tout genre, de rééducation, orthophonie, etc. Et on rajoute encore du cognitif. Mais que racontent ces lettres en miroir ? Quel est ce temps qu'il n'a pas passé en jeux libres, seul ou avec d'autres. Le précieux temps de rien où l'enfant peut mettre en place son image dans les reflets du miroir, du mouvement, du regard ? Passage par le regard de l'autre sur le bébé que l'on est, puis dans le reflet du regard de l'autre sur cet être hybride inprogrammable qu'on devient, et le reflet de l'autre qu'on reconnaît pour se reconnaître.

De même, les contentions du corps pendant l'enfance sont à l'origine d'inhibitions à apprendre à communiquer, mais aussi de l'excitation à bouger. Ces démonstrations de force musculaire, jubilations de passion, de puissance et de domination sont de plus en plus canalisées. Alors bien sûr, les parents, les professionnels, bienveillants et très intelligents, leur proposent d'autres jeux plus calmes, plus stables et les valorisent quand ils sont sages. De plus en plus, je rencontre des enfants qui ont des traits soubassements obsessionnels très précoces, parce qu'aujourd'hui, la validation systématique des comportements de contrôle est une prime à la névrose obsessionnelle. Plus ils aiment ranger, classer, empiler… droit, plus ils sont formidables et intelligents ! Alors quelles sont les conséquences de ces messages subtils que les adultes leur envoient ? En premier lieu, ils intègrent une sorte de peur environnante. Les adultes, dans leur course à la précocité des conduites adaptatives, transmettent aux enfants cette peur, qui au lieu de faire tourner l'énergie vers l'extérieur, la retourne vers le dedans. C'est absurde. Les bases de l'adaptation sociale ne se fondent pas sur la peur, car de cette peur découle la violence : la violence contre soi, contre les autres ou contre les objets, à terme, peut entraîner une perte de confiance en soi, en l'individu et en la société. Ainsi, l'éducation, aussi compétente soit-elle, peut dériver vers un conditionnement, un dressage de l'enfant lorsqu'elle ne s'accompagne pas de réflexions sur le sens profond véhiculé par les méthodes employées. La responsabilité des professionnels de la petite enfance est grande.

Tout ce que nous avons appris de profond sur les enfants nous vient des recherches menées sur les moins de 1 an, car il y a, au cours de cette première année, un condensé de tout ce qui va être en jeu jusqu'à 6 ans. Et la finesse développée par les professionnels dans l'accueil des nourrissons est une valeur profitable à nos établissements d'accueil de jeunes enfants. D'où l'importance d'accueillir les bébés pour conserver cette valeur ajoutée. Nous développons la psychopédagogie certes, mais n'oublions pas pour autant les essentiels, tels que l'écoute de ce qui n'est pas dit, la compréhension de ce qui n'est pas exprimé, la connaissance de ce qui ne se voit pas, et la réponse aux appels des enfants qui, parce qu'on leur répond comme ceci, comme cela, vont se trouver nourris du sens attribué à leur demande. C'est parce que nous sommes plongés dans l'archaïque des tout premiers moments de la vie d'un être, que nous faisons l'expérience humaine radicale d'être un professionnel de la petite enfance.

En prenant soin des enfants dans les modes d'accueil collectif, nous gardons à l'esprit tous les enjeux de personnalisation de l'accueil, le maintien de la continuité psychique, la sécurisation des liens, la permanence des relations, etc. Sans ces enjeux de fonds, nous deviendrons des gardiens d'enfants, des prestataires de services aux familles, des fournisseurs de « solution de garde », là où l'enfant doit trouver et conserver « sa » place dans le lien et dans le psychisme des professionnels y compris quand il n'est pas là. S'occuper des enfants, c'est les accompagner chaque jour dans leur recherche de jouissance et la régulation sublime et subtile de leurs besoins, leurs désirs. En tant que professionnels, nous accueillons le plaisir de vie des enfants, qui s'exprime dans l'expérimentation, le désordre, le bruit, la transgression, des jeux, des règles, de ses limites. Pourquoi, lorsqu'il y a des tapis pour les petits qui rampent, c'est toujours sur le bord du tapis, là où c'est un peu sale, à l'entrée de la pièce qu'ils se faufilent ? Ce type de transgressions sont les mêmes que celle qu'ils ont, plus grands, car c'est toujours intéressant les bords. Aujourd'hui, la petite enfance est invitée à se soumettre à des référentiels de pensée qui sont ceux de la grande enfance, laquelle est de plus en plus amenée à être pensée avec des référentiels de pensées qui sont issus du monde du travail et de l'entreprise. D'ailleurs, il y a de plus en plus de ces « gros mots » qui circulent, qui ne s'ajustent pas aux petits : accepter les limites, supporter les frustrations, être socialisé, gérer ses émotions, être empathique… Comment peut-on faire croire qu'il faut apprendre à être empathique à des jeunes enfants, alors que le petit humain vient au monde d'abord avec une réceptivité exceptionnelle à l'état interne de l'autre ? Comment peut-on supposer qu'on doit le leur apprendre avec des techniques moralisatrices ? Nous pouvons leur apprendre des principes comme le partage, le respect de l'autre, bien sûr, leur transmettre des valeurs, mais utilisons ces mécanismes plaqués et multifonctions avec des pincettes. D'ailleurs, gérer ses émotions, être empathique avec les autres, c'est quand même tout un programme que bon nombre d'adultes n'ont pas encore commencé à s'appliquer à eux-mêmes. Passons…

À la question sur les essentiels de l'accueil de la petite enfance, je répondrai que les enfants doivent être entourés d'adultes qui n'ont pas peur de les faire boire dans de vrais verres, qui n'ont pas peur quand une main s'agite sur un vrai crâne, à proximité d'un crâne chevelu ou pas encore, et qui ne se laissent pas influencer par le dogme de la sécurité.

L'angoisse sécuritaire ne doit pas prendre le dessus sur la sécurité affective des enfants. Dans nos modes d'accueil, longtemps imités à l'étranger, nous avions franchi un vrai seuil qualitatif. Il correspondait à cette découverte que le petit enfant expérimente ce monde qu'il désordonne pour comprendre comment il s'ordonne. Nous sommes de la génération de celle qui a déshabillé le bébé pour lui donner plus de liberté, celle qui a installé les jeux sur les tapis pour qu'il sécurise leurs appuis, celle des jets d'eau l'été, des jeux d'eau l'hiver. Celle des livres, des musiciens, des artistes auprès des bébés, celle des solidarités avec les femmes qui conquièrent leur autonomie.

Aujourd'hui, l'assurance tout risque et la peur des microbes ont pris le pouvoir. Qu'elle soit microbienne ou corporelle, la vague hygiéniste que nous avions contrée nous revient *via* les normes européennes de sécurité des équipements, entre autres. Les activités sont concédées, nomenclaturées, bordées dans l'espace et le temps. Tout le monde s'entend quand il s'agit de penser les activités d'éveil, de jeux de pétrissage, de plongée, d'échanges dans la piscine à balles. Il nous faut aujourd'hui aller encore plus loin. Les groupes d'activité, c'est indispensable, mais pas suffisant, car il nous faut dépasser la question pédagogique pour en retrouver la complexité. Les enfants désordonnent aussi le manque d'organisation qu'on leur concède. Et ce faisant, ils désorientent les adultes qui prennent soin d'eux. La question est donc pour les professionnels de comprendre comment ils peuvent se laisser atteindre, toucher, remis en cause, bouleverser, par un enfant ou un groupe d'enfants sans pour autant perdre le cap, perdre la boule. Notez que souvent, on leur fait remettre les boules dans la piscine, ranger leurs jouets par crainte de vaciller, d'être débordé. Nous tolérons de moins en moins les moments de débordement. Mais peut-on s'occuper d'enfants petits sans être confronté au débordement ? Ils sont en prise sur le pulsionnel, dont il nous faut endiguer la déferlante, canaliser l'énergie, les aider à trouver des bonnes façons, des contours et détours plus adaptés. Certes. Mais l'essence même de notre travail exige qu'à certains moments, nous sentions le débordement venir et que nous l'analysions. Nous pouvons l'accueillir avec sérénité pour qu'il nous serve de repère plutôt que tout fermer, bloquer, verrouiller par anticipation angoissée.

L'essentiel dans l'accueil d'un tout-petit est que les professionnels soient conscients qu'ils s'occupent d'un âge, d'une tranche de vie dont nul ne se souvient pour lui-même. Avouez que l'enjeu en vaut vraiment la chandelle, car au fond, travailler avec ce qu'on sait, c'est bien, mais travailler avec ce qu'on ne sait pas, c'est quand même bien plus intéressant, bien plus drôle. Il est important de se souvenir que, dans le travail, les professionnels qui s'occupent d'enfants ne sont pas isolés. Il n'est jamais tout à fait seul celui dont le monde interne est habité par une culture sociale et professionnelle, par des rencontres qui lui permettent de penser les théories implicites et explicites qui guident sa pratique.

Aujourd'hui, nous parlons beaucoup des réflexions sur la pratique et nombre de psychologues finissent par se consacrer exclusivement aux analyses de pratiques et aux supervisions dans les équipes. Certes, ces réflexions sur la pratique, ces supervisions sont utiles mais ne suffisent pas. En effet, les restrictions budgétaires se répercutent sur leur nombre d'heures de présence dans les services et assèchent leur travail auprès des enfants, des parents, des professionnels. Ceux-ci, pour être disponibles pour les enfants doivent être soutenus dans leur quotidien. Être moins seul est une nécessité pour consolider le vécu d'un métier (même s'il en comporte plusieurs), qui a la particularité d'être un travail de fondation d'un être. Les professionnels travaillent sur les fondations d'un être, les bases archaïques de la personnalité des enfants. C'est une mission vertigineuse et concrète, angoissante et modeste. C'est pourquoi ne doivent pas être présents auprès des enfants des adultes qui se sentent abandonnés. Car il ne suffit pas d'être professionnel formé et en nombre pour avoir, avec les enfants, des postures internes adaptées, adéquates, socialisantes. Encore doit-on travailler un peu sur soi. Il faut savoir par quoi, par qui nous sommes habités pour travailler là, avec des tout-petits. D'où ça me vient ce que je pense de ce que je fais ? Comment et avec qui puis-je le repenser pour évoluer ? Ce n'est pas seulement les méthodes, les projets pédagogiques : « Qu'est-ce qu'il faut faire ? » « Comment pourrait-on faire ? » « Qu'est-ce qu'on doit faire ? ». Ce qui soutient c'est la profondeur : « D'où ça me vient cette pensée que j'ai moi-même de ce que j'accomplis ? » C'est pour cela, bien sûr, que nous devons échanger entre professions différentes, points de vue théoriques différents, méthodes de travail différentes. Toutes les confrontations sont fécondes. L'hétérogénéité, ce n'est pas de la confusion. Car le problème n'est pas de savoir si c'est l'éducatrice de jeunes enfants, l'auxiliaire de puériculture, la psychologue, la puéricultrice, le pédiatre qui est mieux placé pour dire ce qu'il y a à dire sur la petite enfance. L'essentiel, c'est de soutenir les interrogations que l'on a, c'est de travailler, d'avancer. Aujourd'hui, on demande aux professionnels de gérer les conflits : gérer les conflits à l'américaine, en faisant moitié-moitié afin que tout le monde soit content, que le calme revienne. Mais si l'on a une vraie question de pratique ou de philosophie de travail dans une équipe, on doit la poser et ça ne fait pas forcément conflit au bout du compte, car je n'ai jamais vu, en trente ans de pratique, d'équipe qui ne finisse par être passionnée par de vraies questions, quand elles sont posées. Il y a un amour du savoir chez les professionnels de la petite enfance, comme il y a un désir d'apprendre chez les bébés. Il y a un amour de comprendre, qui est caché en chacun de ceux qui s'occupent d'un petit, parce que les petits portent l'énigme du mouvement d'humanisation. La personnalisation de l'accueil, c'est la personnalisation du travail des professionnels et des relations avec les familles. L'honneur des professionnels de jeunes enfants réside dans le fait de savoir qu'ils sont dans les fondements de l'humanisation d'un être qu'ils accueillent, avec comme point de départ le fait qu'ils ne savent pas qui l'enfant sera. L'idée d'accueillir un bébé correspond au fait d'accueillir un sujet à part entière, un être de paroles, de langage dont les professionnels accompagnent les processus d'humanisation. Cela les place, dans l'échiquier du monde, au cœur des enjeux d'une société. Les professionnels de l'accueil des jeunes enfants sont bien plus que des femmes et des hommes qui s'occupent des bébés. Nous nous trouvons dans une société qui perd sa conscience des enjeux profonds comme la lenteur, la fragilité, le besoin de temps pour s'imaginer et se transformer. Les bébés nous le rappellent sans cesse. En cela, ceux qui se tiennent au plus près des petits comme des très âgés sont vecteurs d'humanité pour l'ensemble d'une société parce que les petits et les vieux ça ne marche pas comme des grands, ça traîne le pas, ça retient la jambe. Quoiqu'on presse, ça finit par coincer, alors on est obligé de ralentir, de sourire.

Conclusion

C'est un peu avant la naissance et au cours des trois premières années de sa vie qu'un enfant grandit et que son cerveau se façonne à une rapidité et à un rythme qui ne seront jamais plus atteints durant la vie entière. L'environnement physique, social, relationnel et surtout affectif influence son développement. Le bébé naît avec de grandes capacités sensorielles, de grandes capacités d'apprentissage, de grandes capacités relationnelles, mais ces dernières ne se développent qu'en fonction de la richesse de l'environnement qui lui est proposé, y compris lorsqu'il est encore dans le ventre de sa mère. Gènes et environnement sont intimement liés, sans doute dès la conception. Ce qui fait dire à Boris Cyrulnik à propos du devenir d'un enfant qu'il y a 100 % d'inné et 100 % d'acquis. Le débat ne se trouve donc pas dans le fait de savoir si l'enfant possède un bon potentiel de départ ou pas, mais bien sûr les moyens de lui offrir l'environnement positif par lequel il sera en mesure de mettre en œuvre l'ensemble de ses capacités. Un environnement dans lequel ses apprentissages sont tout autant cognitifs que sociaux, relationnels et affectifs. Un environnement qu'il peut s'approprier et sur lequel il peut agir également. C'est seulement depuis la fin du XXe siècle, avec les avancées technologiques de l'imagerie cérébrale, les progrès effectués dans les neurosciences et les recherches en psychologie, que nous savons ce que beaucoup pressentaient depuis longtemps, à savoir que les personnes qui s'occupent des petits contribuent grandement à former leur cerveau. Nous connaissons de mieux en mieux la manière dont les plus jeunes acquièrent le langage, celle dont ils développent leurs liens affectifs, contrôlent leurs émotions et comprennent celles des autres. Tout comme l'enfant n'est pas la pâte à modeler que l'on croyait à une époque, son cerveau n'est ni une ardoise vierge sur laquelle les connaissances vont s'écrire, ni un ensemble de circuits prêt à fonctionner de manière prévisible dès que l'interrupteur est actionné. Ce cerveau est le résultat de nombreuses interactions entre héritage génétique, expériences, facteurs biologiques et environnementaux. Les premières années de la vie de chaque enfant conditionnent son futur. Non pas que tout se joue dans cette période de la vie, mais que tout s'y organise pour se jouer ensuite avec plus ou moins de bonheur suivant ce qui s'y sera passé, suivant le processus de développement tel qu'il se sera mis en place. C'est cette connaissance, non complète encore, du processus de développement du petit humain qui place la petite enfance comme période si spécifique, si primordiale, si étrange aussi.

Les bébés sont différents des autres enfants et des adultes. Ils ne sont pas des êtres humains miniatures, ils pensent et agissent différemment car leur cerveau ne sait pas encore trier les informations, les classer en utiles ou inutiles, et donc éventuellement les inhiber. Comme des papillons, ils butinent partout sans se limiter et sans objectif précis puisque les adultes pourvoient à leur survie. Pour eux tout est encore possible. C'est comme si, dans une évolution inversée, de papillons explorateurs de toutes les merveilles du monde, les petits devenaient, une fois plus grands, des chenilles ouvrières capables de se focaliser sur les tâches essentielles assurant leur survie. Ce que nous considérons, sans doute à tort, comme une « immaturité » ne permet pas aux petits humains de survivre seuls et est en fait une chance pour leur avenir et pour celle de l'humanité. Elle leur offre la possibilité de garder leur cerveau disponible à tous les apprentissages, laissant les adultes s'occuper du reste. Au contraire d'un défaut de compétences, les bébés savent et peuvent faire énormément de choses qui ne nous sont plus possible ensuite. Ils ont l'esprit tellement ouvert et disponible qu'ils ne se limitent pas et vont au-delà des apparences pour comprendre. Ils utilisent leurs sens d'une modalité à une autre et goûtent le monde tout autant qu'ils le voient et le sentent. Ils sont de véritables explorateurs qui parcourent cet univers sur lequel ils viennent d'arriver. Ils sont des chercheurs qui par expérimentation tentent de comprendre le fonctionnement des objets, font des liens de corrélation entre les causes et les effets et recommencent pour valider leurs théories encore et toujours. Ils sont aussi philosophes, savent se synchroniser avec l'autre. Ils ne sont pas amoraux, utilisent l'imitation précocement, à la fois signe et outil de leur empathie envers les autres. En fait, le petit humain possède un cerveau beaucoup moins achevé que celui d'autres espèces animales, ce qui fait qu'il semble naître désarmé pour la vie. Il ne sait pas agir d'emblé comme le font les jeunes animaux qui sont bien préparés à leur système écologique approprié. Mais c'est une feinte. Cela lui permet d'apprendre et d'adapter son comportement à partir de ses expériences. Sa capacité à le faire est au maximum dans les premières années de sa vie. Mais la manière dont les adultes vont s'occuper de lui, l'amour qu'il va recevoir de leur part, vont favoriser ou pas ces apprentissages.

Tout ceci pour arriver au fait que le développement d'un jeune enfant dépend de la façon dont son cerveau va se structurer, des connexions qui se formeront et se modèleront grâce aux nombreuses expériences que le bébé va faire, grâce à l'influence positive de son environnement à la fois stable et stimulant, grâce à la qualité et la quantité des interactions avec les personnes de son entourage. L'explosion actuelle des connaissances scientifiques concernant le processus de développement du cerveau permet d'affirmer ces critères comme étant ceux dont les bébés ont besoin pour devenir des adultes équilibrés.

Alors qu'il y a un siècle il était demandé aux puériculteurs, puis aux pédiatres de faire en sorte que les petits ne meurent pas, il est maintenant demandé à un corps plus éducatif de pédagogues, psychologues, éducateurs de jeunes enfants, de faire en sorte qu'ils deviennent des adultes de qualité, capables de construire le monde de demain. Le bébé n'est plus seulement un corps à soigner, un esprit à comprendre, il est aussi un être social sur lequel nous devons investir et compter. La société s'est modifiée, les connaissances sur les jeunes enfants ont explosé, et pourtant nous n'avons pas encore pris la mesure du véritable enjeu. Alors que nous reconnaissons le caractère décisif de ce temps de la petite enfance, nous restons frileux dans un éventuel investissement massif en sa faveur. Nous ne sommes pas encore capables de former des professionnels spécialisés dans la dimension éducative de l'accueil des plus jeunes, experts sur le plan pédagogique et relationnel, en matière de développement des compétences et de soutien des apprentissages des jeunes enfants, piliers de la participation active à la construction individuelle des tout-petits, et de la capacité à réduire les inégalités éducatives liées à certains contextes socio-affectifs familiaux. Sommes-nous encore trop englués dans cette idée – pourtant très épisodique dans l'histoire des Hommes – que ce sont seulement les mères qui doivent élever leurs petits ? Sauf à être très obtus, comment pouvons-nous, avec nos connaissances actuelles sur le développement du bébé, encore dire et laisser dire qu'il ne faut pas avoir fait d'études poussées pour s'occuper des plus jeunes car il ne s'agit que de savoir changer des couches ou qu'il ne suffit que d'être une « bonne mère » pour être « professionnel de la petite enfance » ? Comment se fait-il qu'il y ait si peu de places dans les crèches et si peu de cohérence politique au niveau de l'accueil et de l'éducation des jeunes enfants ? N'est-ce pas parce que nous ne comprenons pas encore suffisamment ce qu'est la petite enfance ? Nous nous sommes trompés. Le temps de la petite enfance n'est pas un temps de fragilité et d'immaturité. Mais, au contraire, il est une ère de grandeur qui, comme le souligne Jean-Marie Delassus [103], renvoie aux seuls instants de plénitude de l'Homme. L'enfant n'est jamais aussi grand que lorsqu'il est dans sa petite enfance et au fur et à mesure qu'il

103. Delassus J.-M., *Penser la naissance*, Paris, Dunod, 2011.

croit, l'être humain rapetisse. Il nous faut donc urgemment en prendre acte, afin d'être à même de former des professionnels de qualité. C'est-à-dire des professionnels capables de reconnaître et de porter ce véritable regard sur la petite enfance, des professionnels prêts à se laisser guider par de si grands petits.

Les auteurs de ce livre ont montré que, lorsqu'une réflexion sur la crèche est menée avec le point de vue de l'enfant, et non uniquement comme un mode d'accueil utile aux parents, alors les pratiques évoluent et s'adaptent tant à l'évolution des connaissances qu'aux changements sociaux. L'accueil en crèche revêt de nombreuses facettes, ouvrant sur l'ensemble des problématiques sociales, familiales et éducatives. Mais pour le reconnaître comme tel, il faudrait en prendre politiquement et économiquement acte et ne plus s'orienter uniquement vers le seul objectif de développement de l'offre d'accueil. Il faudrait tout simplement faire une vraie place à chaque petit enfant non pas parce qu'il est charmant ou a besoin de nous, mais parce ce qu'il est nous, notre futur et notre avenir.

BROUGÈRE Gilles – Professeur en sciences de l'éducation, Université Paris 13.

CYRULNIK Boris – Médecin, éthologue, neurologue et psychiatre.

EPSTEIN Jean – Kinésithérapeute - Psychosociologue.

FONTAINE Anne-Marie – Psychologue et formatrice auprès des professionnels de la petite enfance.

GIAMPINO Sylviane – Psychologue de la petite enfance - Psychanalyste, fondatrice de l'A.NA.PSY.p.e.

LÉONARD-MALLAVAL Marie – Psychologue clinicienne.

MONNERY-PATRIS Sandrine – Docteur en psychologie - Chargée de recherches à l'Inra, Centre des sciences du goût et de l'alimentation.

RAMEAU Laurence – Puéricultrice et formatrice auprès des professionnels de la petite enfance

RAYNA Sylvie – Psychologue de l'éducation - Maître de conférences, Institut français d'éducation (École normal supérieure de Lyon) - Université Paris 13.

THOLLON-BEHAR Marie-Paule – Psychologue - Docteure en psychologie du développement.

Bateson G., (1977), « Une théorie du jeu et du fantasme », *in Vers une écologie de l'esprit*, Paris, Seuil.

Ben Soussan P. (2008), Il faut ouvrir les écoles maternelles comme à Pistoia, *Spirale*, 46, 2.

Bergeret J. (1984), *La violence fondamentale, L'inépuisable Œdipe*, Paris, Dunod.

Berry V. (2008), « Sur les traces des communautés de pratique : note de synthèse », *Pratiques et analyse de formation*, 54.

Billett S. (2008), « Les pratiques participatives sur le lieu de travail : apprentissage et remaniement de pratiques culturelles », *Pratiques de Formation – Analyses*, 54.

Birch L. L., Gunder L., Grimm-Thomas K., Laing D. G. (1998), « Infants' consumption of a new food enhance acceptance of similar foods », *Appetite*, 30(3).

Blanc M. CL., Bonnabesse M. L. (2008), Parents professionnels dans les structures d'accueil de jeunes enfants, *ASH*, Tours, Wolters Kluwer.

Breauté M., Rayna S. (1995), *Jouer et connaître chez les tout-petits : des pratiques éducatives nouvelles pour la petite enfance*, Paris, INRP/Mairie de Paris.

Brougère G., Ulmann A.-L. (dir.) (2009), *Apprendre de la vie quotidienne*, Paris, PUF.

Brougère G. (2005), *Jouer/Apprendre*, Paris, Economica.

Bruner J. (2003), *Savoir dire, savoir faire*, Paris, PUF, 1991.

Callaud A. (2012), « Avec les familles, favoriser le temps de participation », *in* S. Rayna, C. Bouve (dir.), *Petite enfance et participation*, Toulouse, Érès.

Clark A. (2001), Les jeunes enfants en tant qu'experts : écouter en utilisant la démarche mosaïque, *Enfants d'Europe*, 1.

Coste A. et coll. (2012), « À la halte garderie, accueillir la diversité », *in* S. Rayna, C. Bouve (dir.), *Petite enfance et participation*, Toulouse, Érès.

Cyrulnik B. (2011), *Quand l'enfant se donne la mort*, Paris, Odile Jacob.

Cyrulnik B. (2010), *Mourir de dire. La honte*, Paris, Odile Jacob.

Dahlberg G., Moss P., Pence A. (1999/2001), *Au-delà de la qualité,* Toulouse, Érès.

Dalli C. (2010), Professionnalisation du système d'accueil et d'éducation de la petite enfance en Nouvelle-Zélande, *Revue Internationale d'Éducation de Sèvres,* 53.

Damiani M. et Dupré S. (2012), « Premiers pas vers un curriculum à Fontenay-sous-bois », *in* S. Rayna, C. Bouve (dir.), *Petite enfance et participation,* Toulouse, Érès.

Danic-David M., « Évaluer l'accueil au moyen d'un outil standardisé », *in* Thollon-Behar M.-P., *La qualité de l'accueil : quel défi aujourd'hui ?,* Toulouse, Érès.

David M., Appell D., et *al.* (1973), *Lóczy et le maternage insolite*, Paris, Ed. du Scarabée.

Delassus J.-M. (2011), *Penser la naissance*, Paris, Dunod.

Di Giandomenico I., Musatti T., Picchio M. C. (2012), Participer à l'évaluation de la qualité des modes d'accueil de la petite enfance : pourquoi, qui et comment ? , *in* S. Rayna, C. Bouve (dir.), *Petite enfance et participation*, Toulouse, Érès.

Die N. (2009), « D'une visite pistoiaise à visée gapençaise » *in* S. Rayna, C. Bouve, P. Moisset (dir.), *Pour un accueil de qualité de la petite enfance, quel curriculum* ? Toulouse, Érès.

Durand T. (2011), « Un chef pour les petits », *Journal des professionnels de la Petite enfance*, 68.

Engdhal I. (à paraître en 2012), La participation des enfants à l'éducation en plein air dans le préscolaire suédois, Strasbourg, *Le Furet,* 67.

Erikson E. (1950), *Enfance et Société,* trad. 1966, Neuchâtel et Paris, Delachaux et Niestlé.

Estienne T. et coll. (2012), « La participation des parents dans une classe-passerelle de Roubaix », *in* S. Rayna et C. Bouve (dir.), *Petite enfance et participation,* Toulouse, Érès.

Florin A. (2010), *Les modes de garde à 2 ans, qu'en dit la recherche ?* Rapport de synthèse commandé par le PIREF, 2004.

Fontaine A.-M. (2011), *L'observation professionnelle des jeunes enfants*, Savigny-sur-Orge, Philippe Duval.

Fontaine A.-M. (2005), « Écologie développementale des premières interactions entre pairs : effet des matériels de jeu », *Enfance,* 2.

Fontaine A.-M. (2004), « Apprendre à bien jouer ensemble, çà prend du temps ! », *Le journal des professionnels de l'enfance*, 31.

Fontaine A.-M. (2000), « Espaces : les adultes proposent, les enfants disposent », *Le journal des professionnels de l'enfance*, 3.

Freud S. (1919), « Un enfant est battu. Contribution à la connaissance de la genèse des perversions sexuelles » *Névrose, psychose et perversion*, trad. 1973, Paris, PUF.

Galardini A. L. (2011), « Temps et espaces pour lire avec les enfants », *in* S. Rayna et O. Baudelot (dir.), *On ne lit pas tout seul !* Toulouse, Érès.

Gerrish C. J., Mennella J. A. (2001), « Flavor variety enhances food acceptance in formula-fed infants », *American Journal of Clinical Nutrition*, 73(6).

Hoshi M. (2010), « Tradition et évolution de la coéducation au Japon », *in* S. Rayna, M. N. Rubio, H. Scheu (dir.), Parents-professionnels. *La coéducation en questions*, Toulouse, Érès.

Jorland G. (2010), *Une société à soigner : hygiène et salubrité publique en France au XIX*e *siècle*, Paris, Gallimard.

Karlsson-Lohmander M. (2010), « La démocratie, base de la qualité de l'éducation préscolaire en Suède », *Revue Internationale d'Éducation de Sèvres*, 53.

Lagercrantz H. (2011), « La fabrication du cerveau », *in* J. F. Dortier, *Le cerveau et la pensée. Le nouvel âge des sciences cognitives*, Auxerre, Sciences Humaines.

Legendre A. (1997), « Interactions des jeunes enfants en groupe : les supports et contraintes de l'environnement spatial », *Revue de psychologie de l'éducation,* 2.

Léonard-Mallaval M. (2009), *Ça mord à la crèche,* Toulouse, Érès.

Lézine I. (1975), *Premiers échanges entre nourrissons,* Paris, film CNRS.

Lézine I. (1964), *Psychopédagogie du premier âge,* Paris, PUF.

Maier A., Chabanet C., Schaal B., Issanchou S., Leathwood P. (2007), « Effects of repeated exposure on acceptance of initially disliked vegetables in 7-month old infants », *Food Quality and Preference,* 18(8).

Maier A., Leathwood P., Schaal B., Issanchou S. (2010), « Sensorialité et diversification alimentaire », *Médecine & Enfance,* 30 (Hors Série).

Marbeau Firmin J.-B. (1886), *Manuel de la crèche,* au siège de la société des crèches à Paris, archives nationales.

Mason S. J., Harris G., Blissett J. (2005), Tube feeding in infancy: implications for the development of normal eating and drinking skills, *Dysphagia,* 20(1).

Mastio A., Rayna S. (2012), « Avec les parents : modalités et outils de collaboration dans les services éducatifs de la petite enfance de Pistoia » *in* S. Rayna, C. Bouve (dir.), *Petite enfance et participation,* Toulouse, Érès.

Mellier D. (2001), *Observer un bébé : un soin,* Ramonville-Saint-Agne, Érès.

Mellier D. (2000), *L'inconscient à la crèche. Dynamique des équipes et accueil des bébés,* Issy-les-Moulineaux, ESF.

Miller A. (1998), *C'est pour ton bien. Racines de la violence dans l'éducation de l'enfant,* Paris, Aubier.

Mitchell L. (2009), La diversité des services de la petite enfance en Nouvelle- Zélande, Strasbourg, *Le Furet,* 59.

Monnery-Patris S. (2009), *L'enfant difficile à table: impact des caractéristiques personnelles et des pratiques familiales,* Résultats préliminaires de l'étude Opaline, Paper presented at the XVIIIe Rencontre Scientifiques de Nutrition, from http://www2.dijon.inra.fr/intraflavic/bibliographie/tap-senso/senso_18239.pdf.

Moss P., Rachid C. et *al.* (2004), « Reggio Emilia, quarante ans de pédagogie alternative » *in Enfants d'Europe*, Strasbourg, *Le Furet*, 6.

Moss P. (1996), « Vers une définition des objectifs des services de la petite enfance », *in* S. Rayna, M. Deleau, F. Laevers (dir.), *Quels objectifs pédagogiques pour l'éducation préscolaire ?* Paris, Nathan-Inrp.

Mozère L. (1992), *Le printemps des crèches, histoire et analyse d'un mouvement*, Paris, L'Harmattan.

Musatti T., Mayer S. (2011), *Educare* en crèche, *Enfants d'Europe*, 20.

Musatti T. (2009), Le groupe *Nidoinfancia*, un réseau pour la qualité éducative en Italie, Strasbourg, *Le Furet*, 58.

Nadel J., Baudonnière P.-M. (1980), « L'imitation comme mode d'échange prépondérant entre pairs au début de la 3e année », *Enfance*, 1.

Nadel J. (2011), *Imiter pour grandir*, Paris, Dunod.

Nicklaus S. (2009), « Le développement du comportement alimentaire dans les deux premières années de vie : Quelques premiers résultats de l'étude Opaline », *Lettre Scientifique de l'IFN*, 133.

Nicklaus S., Rigal N. (2010), « Évolution des comportements alimentaires du jeune enfant : implication des parents », *Médecine & Enfance*, 30.

Pain A. (1990), *Éducation informelle. Les effets formateurs dans le quotidien*, Paris, L'Harmattan.

Peeters J. (2008), *The construction of a new profession*, Amsterdam, SWP.

Piaget J. (1945), *La formation du symbole chez l'enfant*, Neuchâtel et Paris, Delachaux et Niestlé.

Piaget J. (1936), *La construction du réel chez l'enfant*, Neuchâtel et Paris, Delachaux et Niestlé.

Piaget J. (1936), *La naissance de l'intelligence*, Neuchâtel et Paris, Delachaux et Niestlé.

Picchio M. C., Musatti T. (2010), La culture de l'éducation de l'enfance en Italie, *Revue Internationale d'Éducation de Sèvres,* 153.

Pinard A. (1908), *De la puériculture*, Lyon, Imprimeries réunies.

Pinol-Douriez M. (1984), *Bébé agi-Bébé actif, l'émergence du symbole dans l'économie interactionnelle*, Paris, PUF.

Pirard F. (2009), « Oser la qualité, un référentiel dans la Communauté Française de Belgique et son accompagnement », *in* S. Rayna, C Bouve, P. Moisset (dir.), *Pour un accueil de qualité de la petite enfance, quel curriculum ?* Toulouse, Érès.

Preissing C. (2005), Un aperçu du curriculum de Berlin, Strasbourg, *Le Furet*, 51.

Rameau L. (2011), *Pourquoi les bébés jouent*, Savigny-sur-Orge, Philippe Duval.

Rameau L. (2010), *À la crèche, il était une fois*, Toulouse, Érès.

Rameau L. (2009), *Le lendemain des crèches*, Paris, Érès.

Rapoport D. (2006), *La bien-traitance envers l'enfant, Des racines et des ailes*, Paris, Belin.

Rayna S., Rubio M. N., et *al.* (2010), *Parents, professionnels : la co-éducation en questions*, Toulouse, Érès.

Rogoff B. et coll. (2007), « Développement des répertoires culturels et participation des enfants aux pratiques quotidiennes », *in* G. Brougère, M. Vandenbroeck (dir.), *Repenser l'éducation des jeunes enfants,* Bruxelles, P. Lang.

Rosenthal R., Jacobson L. (1968), *Pygmalion à l'école*, trad. 1971, Paris, Casterman.

Schaal B., Marlier L., Soussignan R. (2000), « Human foetuses learn odours from their pregnant mother's diet », *Chemical Senses,* 25(6).

Séméria P. (2009), « La magie de mon séjour à Pistoia », *in* S. Rayna, C. Bouve, P. Moisset (dir.), *Pour un accueil de qualité de la petite enfance, quel curriculum* ? Toulouse, Érès.

Sinclair H., Stambak M., Lézine I., Rayna S., Verba M. (1982), *Les Bébés et les choses ou la créativité du développement cognitif*, Paris, PUF.

Stambak M. et coll. (1983), *Les bébés entre eux. Découvrir, jouer, inventer ensemble*, Paris, PUF.

Stern D. (1985), *Le monde interpersonnel du nourrisson*, Paris, PUF.

Thommen É., Rimbert G. (2005), *L'enfant et les connaissances sur autrui*, Paris, Belin Sup.

Trevarthen C. (2011), « Les histoires se créent en bonne compagnie », *in* S. Rayna, O. Baudelot (dir.), *On ne lit pas tout seul !* Toulouse, Érès.

Tronto J. (2009), *Un monde vulnérable. Pour une politique du care*, Paris, La Découverte.

Vandenbroeck M. (2005), *Éduquer nos enfants à la diversité*, Toulouse, Érès.

Winnicott D. W. (1984), *Agressivité, culpabilité et réparation*, trad. 1994, Paris, Payot.

Winnicott D. W. (1971), *Jeu et réalité, l'espace potentiel*, trad. 1975, Paris, Gallimard.

Winnicott D. W. (1965), *La famille suffisamment bonne*, trad. 2010, Paris, Payot & Rivages.

Winnicott D. W. (1947), *De la pédiatrie à la psychanalyse*, trad. 1971, Paris, Payot.

Table des matières

CHEZ LE MÊME ÉDITEUR

Le Mythe de l'Enfant-roi

Sous la direction de
Laurent Ott
et Nicolas Murcier

2011 – 176 p.

La crèche ou l'école
pour les 2 ans ?

Alain Ducousso-Lacaze,
Céline Baudouin
et Nicole Catheline

2011 – 176 p.

Composition et mise en page :
Olivier Teneul

Achevé d'imprimer par
l'imprimerie France Quercy, 46090 Mercuès

Dépôt légal : mars 2012